GÉNÉALOGIE

DE LA

FAMILLE DE LA POËZE

Société Saint-Augustin, Desclée, De Brouwer et Cie

PARIS | LILLE
30, Rue Saint-Sulpice, 30 | 41, Rue du Metz, 41

GÉNÉALOGIE

DE LA

FAMILLE DE LA POËZE

GÉNÉALOGIE

DE LA

FAMILLE DE LA POËZE

Société Saint-Augustin, Desclée, De Brouwer et Cie

PARIS | LILLE

30, Rue Saint-Sulpice, 30 | 41, Rue du Metz, 41

LA POËZE

DE LA BRETELLIÈRE ;
DE MONTS ;
DE ST-GILLES ;
DU LIGNERON ;
DE MALVOISINE ;
DE LA COUTAUDIÈRE ;
LA CHESNAIE :
LA GUESSIÈRE ;
LA TERRINIÈRE ;
MONTJAUGEAI ;
DE LOULESSIÈRE, etc.

LA POUËZE OU LA POËZE

Seigneurs de la Poëze en le Loroux Béconnais, de la Poëze commune de la Poitevinière, de la Poëze commune du Loroux Boterel, de la Bretesche en Maisdon, de La Salle, de la Naulière en Aizenay, de la Colaissière et autres lieux.

Le nom de cette famille se trouve dans les divers actes qu'elle a faits et passe en maintes circonstances depuis le Xᵉ siècle jusqu'à nos jours différemment écrit.

Aux Xᵉ, XIᵉ, XIIᵉ siècles il se voit écrit : « de Pozeia, de la Poiza, de Puzia, de Putia, de Puiza, de la Poyèze. »
A partir du XIIIᵉ siècle : de la Poesze, de la Pouëze et de La Poëze indifféremment jusqu'à nos jours.

Ce nom paraît tirer son origine et sa cause de la paroisse de La Pouëze, près le Loroux Béconnais en Anjou dont un Johan de la Pouëze dit le « Sire de La Pouëze » était seigneur vers l'an 950.

Il est question dans une charte de Saint-Aubin (cartulaire, fᵒ 26, bibliothèque d'Angers) d'un château-fort situé à la Pouëze, castrum Putia pris de force et incendié par Geoffroy Rorgon vers l'an 1100.
On n'en rencontre plus ni mention, ni trace dans les titres à partir de cette date : mais il se voit encore de nos jours à l'entrée du bourg vers N.-Est la haute motte féodale qui se dresse mesurant à son pied 70 mètres de longueur de l'est à l'ouest sur une largeur moyenne du nord au sud de 25 à 30 mètres et présentant au sommet une plate-forme elliptique de 30 mètres sur 16 mètres de diamètre avec une rampe en pente douce.

Les armoiries de cette famille sont : « d'argent à trois bandes de sable timbrées d'un casque d'acier poli, posé de trois quarts, la visière fermée de grilles, bordé d'un liséré d'or en broderie et couvert d'un chaperon d'argent, rayé de bandes de sable sommé de deux cornets d'argent bariolés de bandes de sable entre lesquels pour cimier, une étoile d'or avec la devise : « Auxilium ad alta. »

Les trois bandes de sable en science héraldique affirment la présence de trois chevaliers bannerets aux croisades, d'où datent les armoiries. Les deux cornets en cimier désignaient les gentilshommes qui ayant assisté deux fois à des tournois solennels, étaient suffisamment blasonnés et publiés, c'est-à-dire reconnus pour nobles.

Ces armoiries furent maintes et maintes fois reçues et enregistrées par divers hérauts d'armes, l'ont été au nobilière armorial rédigé par M. de Gencian, ainsi que dans les mémoires généalogiques des familles nobles de la Province d'Anjou par M. Mesnard, lieutenant de la Prévôté d'Angers; de Bourdigné, à l'armorial général de France ainsi que l'atteste le certificat sur vélin, d'enregistrement au dit armorial le 22 août 1698; de Messire Charles d'Hozier, chevalier, garde de l'armorial général de France, de Saint-Alais et autres.

Elles se voient ainsi figurées sur divers sceaux de cette famille, attachés aux actes passés conservés dans les archives, passés par divers de ses membres et notamment sur un vieux scel gravé sur fer, ayant pour cimier deux cornes ou cornets entre lesquels une étoile.

Autour des armoiries on lit :

« Sigil. Domini Joh¹ de la Poez ».

Ce sceau ou scel est du XIII⁰ siècle.

Au nombre des nobles des Provinces d'Anjou et du Maine qui se croisèrent pour la délivrance de Jérusalem et des lieux saints dans les années 1095, 1146,

1188, 1244, en 1270, on trouve inscrit le nom de la Pouëze ou La Poëze.

Aux X⁰ et XI⁰ siècles, nous trouvons mentionné dans les chartes de l'époque :

1060-1067. — Gauzlinus de Puzia demeurant à la Poueze arrondissement de Segré dont il est fait mention dans deux chartes du cartulaire du Ronceray, Rot. 3, chapitre 15 et Rot. I, chapitre 51.

1040-1055. — Adelais Uxor Constantii venatoris de La Poyza, habitant La Poëze arrondissement de Segré, dont on fait mention dans une charte de Saint-Martin de la Place du livre noir de Saint-Florent, chapitre 261.

1037-1060. — Chacelus de Pozeia demeurant à la Poëze, commune de la Poitevinière. Il en est fait mention dans une charte originale du Prieuré de Saint-Quentin en Mauges.

1082-1094. — Hainricus de Puzia, demeurant à la Poëze commune de la Poitevinière, dont il est fait mention dans une charte du cartulaire de Saint-Serge d'Angers, tome II, page 312.

1084. — Guarinus canonicus regularis de Puzia, demeurant à la Poueze, arrondissement de Segré, dont il est fait mention dans une charte du cartulaire de La Roë, chapitre 8.

1132. — Goslenus du Puiza dont il est fait mention dans une charte de l'abbaye de Saint-Aubin du Maine, tome I feuillet 13.
En 1132 des moines de Chillon avaient à se défendre contre Goslen de La Poëze qui exigeait d'eux les corvées et chevauchées militaires.

1082-1093. — Bucardus de Putia et Goslenus de Putia filius ejus, demeurant à la Poëze arrondissement de Segré dont il est fait mention dans une charte du cartulaire I de Saint-Serge, page 137.

Bucardus et Goslenus son fils étaient seigneurs de Brain sur l'Authion.

La paroisse était antérieure au XIe siècle. L'église appartenait dès lors de longue date à Bucardus de La Putia dont le fils la céda vers 1085 à l'abbaye de Saint-Serge d'Angers avec la plupart des dîmes et redevances, en échange de la somme énorme pour le temps de mille sols d'or.

Le Pape confirma cette vente en 1159.

Tout le pays dépendait du domaine d'Anjou et était tenu au XIe siècle en arrière-fief par la famille de La Poëze qui le relevait directement de Beaupréau.

1218. — Jacques de La Poyza, chevalier-miles, Prince de Bécon.

Thomas de la Thomassière prétend que les seigneurs de Bécon, comme ceux d'Ancenis, sans jouir de prérogatives particulières, prenaient le titre de Princes.

Voir Thomas, coutumes du Berry, chapitre 25, page 43.

Le seigneur de Bécon était fondateur de l'abbaye de Pontrond, où se célébrait un service journalier pour ses ancêtres.

La châtellenie comprenait outre les ville et bourg de Bécon avec son four à ban et prison du Loroux et de Saint-Augustin, les paroisses entières de ce nom et celles de Saint-Clément, de La Pouëze, de Saint-Jean des Marais, de Brain, de Chazé, de la Cornouailles, de Saint-Sigismond, de Villemoësan, de Chantocé, de Saint-Léger des Essarts, de Saint-Germain des Prés.

La terre de Bécon appartenait à une famille de ce nom jusqu'au XIIIe siècle.

Ce sont certainement les descendants de Jean de

La Poëza, dit le Sire de la Poëza en 950, qui ont donné le nom de La Poëze après la vente de la Seigneurie de la Poëze (Putia) faite en 1085 par Goslenus
de Putia, aux différentes seigneuries qu'ils ont pos-
sédées à différentes époques, notamment à la terre-sei-
gneurie de ce nom en la paroisse du Loroux-Boterel
comté de Nantes et à celles du même nom dans les
paroisses du Pin et de la Poitevinière près de Beaupréau en Anjou, sur lesquelles se voyaient les armoiries de la famille.

Les cadets de cette famille ont porté dans la cornière senestre de leur écu pour Brisure en témoigna-
ge de leur Juveignerie et suivant les Branches ou
Rameaux, les 1res Branches, un croissant de gueules;
les 2mes une étoile d'azur; les 3mes une rose de sinople et 4mes un annelet de sable.

Mais comme on ne peut établir la filiation exacte entre Johan de la Poyza, dit le Sire de La Poyza, vivant
en 950 et Johan de la Poyza vivant en l'an 1240,
on se borne à la commencer avec titres authentiques
au soutien conservés dans les archives de la Famille
ainsi qu'il suit :

I

JOHAN I DE LA POUESZA, chevalier, seigneur de
La Poueza, vivant en 1280, laissa de sa femme dont
le nom est ignoré celui qui suit :

II

CHARLES I DE LA POËZA, chevalier, seigneur
de la châtellenie de La Poëza en Le Loroux Botte-
reau et autres lieux, vivant au château de la Poëza en
l'an 1320. Il laissa de sa femme dont le nom est
ignoré les deux enfants qui suivent au IIIe degre ci-
après.

III

1. — JOHAN II DE LA POIZA, chevalier, seigneur de la Poiza et autres lieux.

Il laissa de sa femme dont le nom est ignoré, qu'il avait épousée en 1340, les deux enfants qui suivent au IVᵉ degré ci-après.

2. — CHARLES II DE LA POEZA, écuyer, seigneur de Chausenay, décédé sans alliance.

IV

ENFANTS DE JOHAN II DE LA POIZA, CHEVALIER, SEIGNEUR DE LA POËZA ET AUTRES LIEUX

1. — JOHAN III DE LA POEZA, chevalier, seigneur de La Poëza et autres lieux.

Il partagea noblement, avantageusement et à viage par acte du 15 juillet 1379 avec Dom Johan IV, prêtre, son frère puîné la succession de ses père et mère.

Il reçut des aveux à cause de ses fiefs et seigneuries de La Poëze dont l'un du 24 juin l'an 1389, rendu par Christophe de Goulaine, dans lequel il le qualifie de « Monseigneur », au sujet d'héritages situés en Le Loroux Boterel entre l'hôtel de Beauchêne et l'hôtel du Fort Gasselin. Il avait épousé en 1365, Jéhanne Le Goux, fille de noble Michel Le Goux, écuyer, seigneur du Coing dont les armoiries sont : « d'or, à trois fasces de sable ».

De ce mariage est issu entre autres enfants, celui qui suit au Vᵉ degré ci-après.

2. — JOHAN IV DE LA POEZA qui reçut en l'année 1375 l'ordre de la Prêtrise, et fut connu sous le nom de Dom Johan.

V

ENFANTS DE JOHAN III DE L. P. ET DE JOHANNA LE GOUX

1. — JOHAN V DE LA POEZE, chevalier, seigneur du dit lieu fut marié deux fois. En première noce, il épousa en 1384, JEHANNE DE LA FERRIÈRE dont les armoiries sont : « d'argent, à trois fers de mule, de sable », fille d'écuyer Johan de La Ferrière, seigneur de la Ferrière. Cette famille de La Ferrière habitait la terre du nom en Maisdon, était d'ancienne extraction et a paru dans les montres de 1427 et de 1478.

Et en deuxième noce, il épousa en 1390, JEHANNE BRISEGAUD DU PLESSIS, fille de N. B. du P. de Saint-Nolay, seigneur de La Bretesche, en Maisdon qualifié homme d'armes dans une montre de 1351 dont les armoiries sont : « d'argent à trois hermines de sable deux en chef et une en pointe » :

De ce mariage n'est issu que celui qui suit au VIᵉ degré ci-après.

Plusieurs aveux lui furent rendus à cause de sa seigneurie de La Poëze dans les années 1399, 1400 et 1410, dont un scellé du sceau de Guillaume Macé, chevalier.

VI

ENFANTS DE JEHAN ECUYER, SEIGNEUR DE LA POËZE ET DE JOHANNE BRISEGAUD DU PLESSIS

GUILLAUME DE LA POEZE, chevalier, seigneur du dit lieu, épousa en l'an 1412, noble MARGUERITE DE LA RIVIÈRE, fille de Jean de La Rivière, seigneur du dit lieu dont les armoiries sont : « d'or à cinq fusées de gueules, posées en fasce, au franc quartier d'hermine. »

De cette famille de La Rivière était Pierre de La

Rivière, taxé deux écus pour la rançon du Roy Jean en 1360 entre les nobles du Chanptoceaux. Un autre seigneur du nom de la Rivière fut taxé trois écus entre les nobles de Beaupréau.

En 1450 Jean de la Rivière était chancelier de Bretagne.

Plusieurs aveux lui furent rendus. Il afferma la seigneurie de La Poëze par acte du 14 février 1416 qui fut scellé du sceau de la Juridiction du Loroux Botereau qui était, un champ d'argent à six losanges de sable, 3, 2 et 1.

De ce mariage sont nés les deux enfants qui suivent au VII° degré ci-après.

VII

ENFANTS DE GUILLAUME DE LA POËZE ET DE MARGUERITE DE LA RIVIÈRE.

1. — FRANÇOIS DE LA POEZE, chevalier, seigneur de La Poëze, épousa en l'an 1440 noble JEHANNE DE COPPEGORGE, dame de la Brotesche en Maisdon dont les armoiries sont « d'azur, à la coupe d'or couverte à l'antique », fille de noble Laurent de Goppegorge, chevalier, chambellan et écuyer personnel du duc Jean IV de Bretagne.

La seigneurie de La Bretesche ancienne seigneurie de la famille Brisegault du Plessis de Saint-Nolay avait été donnée en 1887 par Jean IV de Bretagne à Laurent de Goppegorge, seigneur du Bernier, commune de Carquefou, qu'il habitait en 1471 et du Brail, de la Salle en château Thibaud.

François se trouva entre les chevaliers-bacheliers qui rendirent de bons services au Roy Charles VI. Il vacqua avec ses archers à la garde des ville et château de Clisson du 16 octobre 1464 jusqu'au 1er janvier 1465, commandés par le duc de Bretagne; il comparut avec ses pages et ses lances, sous le capitaine de Rieux à la montre générale des nobles, tenue par le Sire de Retz au Port Saint-Père dans le Comté de Nantes en 1471.

Il reçut plusieurs aveux à cause de ses seigneuries de La Poëze, de la Bretesche, etc., en 1450, 1464, 1471, 1478.

Il est décédé le 5 avril 1481 et Jéhanne de Goppegorge, dame de la Bretesche, en 1478.

De ce mariage sont issus les deux enfants qui suivent au VIII° degré ci-après.

2. — RENÉ DE LA POEZE, écuyer, mort en bas âge.

VIII

ENFANTS DE FRANÇOIS DE LA POEZE
SEIGNEUR DU DIT LIEU
ET DE JEHANNE DE COPPEGORGE, DAME
DE LA BRETESCHE, DE LA SALLE, ETC.

1. — GUYON DE LA POEZE, chevalier, seigneur du dit lieu, de la Bretesche et autres lieux, partagea noblement et avantageusement par acte du 1er février 1485 avec son frère puîné la succession de ses père et mère.

Il épousa le 10 mars 1486 noble demoiselle ANNE DE PRÉZEAU, dame de la Guilletière en Landemont, dont les armoiries sont : « d'azur au sautoir engresté d'argent, cantonné de quatre coquilles de même », fille de noble Geoffroy de Prézeau, écuyer, seigneur de Loizelimère près Clisson et de noble Catherine Le Meignan (1) et sœur de Guillemette de Prézeau, femme de Messire Jean Pantin, seigneur de Grasmou-

---

1. Pierre Le Meignan donna en 1356 la propriété bâtie défrichée au prieuré de Monnais, ses armoiries sont de gueule à la face d'argent chargée de 3 coquilles de sable

ton, capitaine-commandant du château de Clisson en 1471, également sœur de Jean et Alain de Prézeau, seigneurs de Saint-Loys.

De ce mariage est née une fille qui suit au IX° degré ci-après.

Guyon de La Poëze est décédé en 1494 et n'ayant pas d'héritiers mâles, vendit la seigneurie de La Poëze à messire Le Coutellier.

2. — FRANÇOIS DE LA POEZE, chevalier.

Il épousa l'an 1486 noble PERRINE DUDAN, dame de la Jonchère-en-Juigné, évêché de Nantes, dont les armoiries sont :

fille de Messire Jean Dudan, écuyer, seigneur de La Pelleterie en Landemont, de l'Ile Valain, évêché de Vannes et autres lieux, et de Jehanne de Broërec du pays de Rennes.

De ce mariage sont nés les *six* enfants qui ont formé la deuxième Branche de la Famille de La Poëze et dont les noms suivent au IX° degré n° 2 ci-après.

Il fut capitaine-commandant es-armées de René de Bretagne, Comte de Penthièvre, ainsi que le désigne sa commission du 18 mars 1503.

Quelques années après il fut commandant en chef des armées du dit René de Bretagne et de ses ville et place de Chanptoceaux.

Le 5 mars, René de Bretagne, en récompense de ses bons et loyaux services, lui céda la châtellenie de la Colaissière et le nomma à une de ses charges de maître de compte de Bretagne suivant lettres patentes données à ce sujet en 1522.

En 1530 il passa transaction avec les seigneurs Philippe et Jean de Bretagne qui le recherchèrent sur la possession de la seigneurie de la Colaissière.

François et Perrine étaient décédés avant le 24 juillet 1559.

IX

I. — ENFANTS DE GUYON DE LA POËZE, CHEVALIER SEIGNEUR DE LA BRETESCHE ET D'ANNE DE PRÉZEAU, DAME DE LA GUILLETIÈRE.

GUILLEMETTE DE LA POEZE, dame de la Bretesche de la Salle qui épousa en 1540, noble GUILLAUME DE BROEREC, dont les armoiries sont : « de gueules à la bande d'hermines », chevalier, seigneur de Lespau en la Chapelle sur Erdre, évêché de Nantes, d'une ancienne famille de Bretagne.

Dans la liste conservée par Jean de Howeden des cent gentilshommes qui furent faits prisonniers au siège de Dol, sous la conduite de Raoul II de Fougères en 1173, par Henry II, roi d'Angleterre, figure Jean de Broërec.

De ce mariage n'est issu que LUCETTE DE BROEREC, qui épousa 1563, noble RENÉ DE BRIE, écuyer, seigneur de la Chauvière, de Villemoësan dont les armoiries sont « d'azur à la hallebarde d'or posé en pal, au chef d'argent chargé de trois hermines de sable » dont Ponthus de Brie, Renée et Marie.

Guillemette de La Poëze, dame de Broërec restée veuve, se remaria à BRIAND DE BRIE, seigneur de Villemoïsan en Le Loroux Béconnais, père du susdit René de Brie, seigneur de la Chauvière, commune de Saint-Germain des Prés, demeurant en la commune de Saint-Georges sur Loire, son gendre, dont les armoiries sont comme ci-dessus.

Lucette de Broërec vendit par acte de 1545 à son cousin au maternel, René de La Poëze, chevalier, seigneur de la Naullière, les terres et seigneuries de la Bretesche en Maisdon de la Salle en château Thébaud.

En Guillemette de La Poëze s'éteignit la Branche aînée de la famille de La Poëze.

II. — ENFANTS DE FRANÇOIS DE LA POËZE CHEVALIER, SEIGNEUR DE LA COLAISSIÈRE ET AUTRES LIEUX, ET DE PERRINE DUDAN, DAME DE LA JONCHÈRE.

Faisant la Deuxième Branche

1. — Noble et puissant Messire RENÉ II DE LA POEZE, chevalier, seigneur de la Naullière, de la Bretesche de la Salle, du grand Plessy, des Roches en Aizenay, de La Landière fut marié deux fois.

En première noce il épousa le 1er décembre 1521, noble JULIENNE DU PLESSIS LIMON dont les armoiries sont : « d'argent au chevron de gueules, accompagné de deux losanges de même en chef et en pointe d'un lion aussi de gueules », fille de haut et puissant seigneur Jean du Plessis l'aîné, seigneur du Plessis et du Limon et de noble Madeleine Le Voyer dont les armoiries sont : « d'argent, au chevron de gueules accompagné des deux losanges de même, au chef et en pointe d'un lion aussi des gueules. »

De cette famille Le Voyer était haute et puissante Dame Anne de Caurienne, dame de Lignerolles, dame d'honneur de la Reine-Mère, veuve de Messire Philbert Le Voyer, capitaine de 50 hommes d'armes, gouverneur d'Auvergne, Bourbonnais et Forez.

Jean du Plessis le jeune, frère du précédent écuyer, seigneur des Magnis avait épousé en 1520 Catherine du Bouschet, d'où Flaive mariée en 1603 à Jean de Verno, René de Verno, autre Flaive mariée à N. Savary, Hermine, Gilette et Jeane du Plessis.

De ce mariage sont nés les trois enfants qui suivent au Xe degré, n° 1 ci-après.

En deuxième noce René de La Poëze, épousa le 8 décembre 1539 noble JEANNE DE LA TOUSCHE, fille de Messire Alain de la Tousche Limousinière, écuyer, seigneur des Planches, dont les armoiries sont : « d'or à trois tourteaux de gueules 2 et 1 » et de Catherine de Rouault, fille de Jean de Rouault et de Louise de Mareuil. Catherine avait pour frère André Rouault, seigneur du Landreau qui épousa en première noce le 9 janvier 1528 Joachime d'Appelvoisin, en deuxième noce Catherine de la Rochefoucauld, veuve de Charles de Chabannes, fille d'Antoine, seigneur de Barbézieu et d'Antoinette d'Amboise dont il eut trois enfants. La famille de Rouault porte : « de sable à deux léopards d'or, l'un sur l'autre », était d'ancienne extraction; en 1318 on trouve Clément, dit Tristan Rouault épousant Péronnelle de Thouars héritière de ce vicomté, fille de Louis de Thouars et de Jeanne comtesse de Dreux, devenant vicomte de Thouars du chef de sa femme. Il fut au service du Roy, avec huit chevaliers et deux cents hommes d'armes en 1380, accompagne Charles VI en Flandre au siège de Bourbourg, avec seize chevaliers, cent trente et un écuyers dont il fit montre à Orléans le 6 août 1383. Le Roy Charles VI lui avait cédé, en 1378, ainsi qu'à son épouse, qualifiée de cousine du roy, le Comté de Benon.

Tristan est devenu le personnage que Marchangy a fait vivre dans son roman de « Tristan le voyageur ».

Joachim Rouault fut nommé maréchal de France en 1461 par Louis XI, grand écuyer, portait l'épée royale en écharpe lors de l'entrée du Roy à Paris, commanda l'armée fançaise en Catalogne, défendit en 1465 Paris contre la ligue du Bien public. Le maréchal mourut en 1478.

Alain de La Tousche, père de Jeanne de La Poëze servit en 1467 comme brigandinier du Seigneur de L'Aigle et comme homme d'armes au ban de 1491, tenant garnison à Mortagne. Il transigeait avec Nicolas de Chasteigner, touchant la succession de Marguerite de Guinebaut, leur aïeule commune.

Alain laissa entre autres enfants : Jacques, seigneur de Coëx, Curzon, la Clergie, les Planches, le petit Bois, qui assista à la réforme de la coutume du Poi-

tou en 1559, épousa Marie de Mauclerc dont il eut
Jeanne mariée à Joachim Foucher de Brandois; Joachim, chevalier, seigneur de Fontordine qui servit en
homme d'armes avec deux archers, 1491; Jean, seigneur de Laubardière qui rend aveu à Françoise de
Rohan, dame de la Garnache en 1603 de la terre de
Fontordine, paroisse de Saint-Gervais, au nom de son
neveu Louis-Charles d'Aiguillon, seigneur de la Ju-
liennaie, fils de Jean et d'Anne de la Tousche dame de Fontordine.

Renaud de la Tousche Limousinière qui épousa Françoise de Rochechouart Pontville, fille de François et
de Renée d'Anjou. Claude de la Tousche en hérita
en 1560 et épousa Claude de Saint-Amadour, dont
Philippe de Saint-Amadour qui épousa en 1573 Jean
de Rieux, fils aîné du Marquis d'Assérac. En 1581
Philippe épousa Charles de Bretagne, comte de Ver-
tu et de Goëllo.

De ce second mariage, vinrent Antoinette, mariée
à Pierre de Rohan, prince de Guéménée, en deuxième noce en 1624, à René du Bellay, prince d'Yvetot, en troisième noce à Pierre d'Escoubleau, Marquis de Sourdis, dont Claude de Bretagne marié à
Catherine Fouquet de la Varenne.

Pierre, prince de Guéménée, fils de Louis VI de
Rohan et d'Eléonore de Rohan avait épousé en première noce, Madeleine de Rieux, dont il eut Anne
de Rohan, femme de Louis VII. Ce n'est qu'en deuxième noce qu'il épousa Antoinette de Bretagne d'Avau-
gour, petite-fille de Claude de la Tousche.

Lucrèce, sœur de Pierre de Rohan, épousa Jacques
de Tournemine, Sidonie, Marguerite mariées à Mes-
sires d'Espinay et Yves de la Tousche, seigneur de
la Muce.

Joachim de la Tousche fut curateur des enfants de
Jeanne de la Poëze, après le décès de René son ma-
ri. Joachim avait mené sa sœur à l'autel en 1529.

C'est par cette Jeanne de la Tousche que les enfants de René de La Poëze furent cousins des Rohan Guéménée et Pouldu, des Rochechouart, de La Rochefoucauld, des Tournemine de la Hunaudaye, des de Rieux.

Rieux, une des plus illustres maisons, remontant aux premiers Comtes de Bretagne vivant au XIe siècle et qui donna un maréchal de France.

Louise de Rieux, dame d'Ancenis, née en 1521, épousa en 1550 René de Lorraine, Marquis d'Elbeuf, dont le fils recueillt toute la succession de sa mère et de la maison de Rieux. Elle porta également le Comté d'Harcourt qui était entré par le mariage de Jeanne d'Harcourt dans la maison de Rieux.

René de la Poëze partagea noblement et avantageusement par acte du 24 juillet 1554, par devant Me Moriceau, notaire à Champtoceaux, avec ses trois frères et sœurs, les successions de ses père et mère. Sa sœur avait épousé Jean Pantin, écuyer, seigneur de la Guere.

Il acquit en 1545 de sa cousine au paternel, Lucette de Brie, les seigneuries de la Bretesche et de La Salle.

Le Roy Henry II lui adressa une lettre autographe le 11 février 1545 pour lui recommander le seigneur du Landreau.

Cette lettre est conservée dans les nombreuses archives de la famille.

Messire René servit avec son fils aîné, Julien de La Poëze, avec la plus grande distinction sous les Roys François Ier et Henry II.

René est décédé le 4 septembre 1563 et Jeanne de La Tousche Limousinière en 1597. Ils laissèrent huit enfants continuant directement la deuxième branche : Pierre, François, Jean, Anne, Jeanne, Louise, Catherine.

2. — Messire FRANÇOIS III du nom de LA POËZE, chevalier, seigneur de la Jonchère, sénéchal de la Ba-

ronnie de Champtoceaux, pour le Comte de Penthièvre.

Il épousa en 15... noble ISABELLE VERGE, dont les
armoiries sont :

fille de noble Gilbert Verge, écuyer, seigneur du dit
lieu, de la Grande-Gassetière, commune de Cornillé.

De ce mariage sont issus les quatre enfants qui
ont formé le deuxième Rameau de la deuxième Branche et dont les noms suivent au Xe degré, n° 3.

Messire François III présenta en l'an 1525 sa généalogie avec preuves et titres au soutien à Messei-
gneurs les commissaires du Roy, réformateurs de la
noblesse dont il reçut le 15 février 1526 une déclaration qui le reconnaissait et le maintenait noble d'ancienne extraction, avec ses enfants nés et à naître en
légitime mariage.

Il est décédé en 1529.

3. — Messire GUILLAUME II, du nom, chevalier,
seigneur de la Colaissière et autres lieux.

Il reçut des réformateurs de la noblesse une expédi-
tion sur vélin en 1526, déclarant la reconnaissance
de sa noblesse d'ancienne extraction.

Il était capitaine-commandant de Champtoceaux. Il
brisa ses armes, indiquant sa juveignerie d'une rose
de sinople.

Il épousa par contrat passé en l'étude de Me Fri-
pier, notaire à la Varenne, le 27 février 1526, noble
FRANÇOISE DE BILLÉ dont les armoiries sont : « de
gueules à trois coquilles d'argent rangées en chef fas-
cées d'argent à une étoile de même chargée en pointe », fille aînée de Messire René de Billé, seigneur
de la Varenne, du Bois Robert et de noble Françoise
Guaisdon du Bois Robert dont les armoiries sont :
« de gueules, à trois chevrons d'argent. »

De cette famille Guaisdon était Pierre Gaisdon, taxé

quatre écus pour la rançon du Roy Jean en 1860 entre les nobles de la Châtellenie de Montjean.

De ce mariage sont nés les quatre enfants qui ont formé le troisième Rameau de cette deuxième Branche et dont les noms suivent au Xe degré, nº 4 ci-après.

4. — Messire RENÉ III DE LA POEZE, chevalier, seigneur de la Colinière en Champtoceaux, de La Rochefordière, de la Jouinière et autres lieux.

Il prit pour brisure de ses armoiries un annelet de sable.

Le 6 avril 1582 (1) à Chantoceaux, il épousa noble MARGUERITE LE ROY, fille de Jehan Le Roy, écuyer, et de Madeleine de Biré, dont les armoiries sont : « d'azur au chevron d'or, accompagné de trois ombres de soleil, de même à huit rayons ondés, dans un chef, un en pointe vers le chef » dont sept enfants *qui suivent*, lesquels ont formé le quatrième Rameau de la deuxième Branche.

A. — Messire JEAN VIII DE LA POEZE, chevalier, seigneur de La Colinière et du Pasnantais, épousa demoiselle Olive de Bucher dont les armoiries sont : « d'azur à trois chevrons d'or » (preuves de Malte) dont est issue une seule fille qui suit :

MARGUERITE DE LA POEZE COLINIÈRE qui épousa le 22 juin 1615, paroisse de Mésangé, Messire RENÉ ROUSSEAU, chevalier, seigneur de la Ramée, du Plessis de Varades, dont les armoiries sont : « fascé d'or et de sinople et sur le tout, au Lyon d'azur, armé, couronné et lampassé de gueules », fils de Messire René Rousseau, seigneur de la Houssaie, chevalier, homme d'armes de la compagnie de Monsieur de Montpensier, chevalier de l'Ordre du Roy et de Dame Marie Malineau. Elle a eu de son mariage les deux fils qui suivent :

1. Archives de la paroisse de Drain.

a. — Messire ALEXANDRE ROUSSEAU, chevalier, dont un fils François Rousseau qui eut de Catherine de Chasles, une fille Catherine Rousseau, morte sans alliance en 1701.

b. — Messire RENÉ ROUSSEAU, qui eut de Renée de Lourmeau qu'il épousa à Ligné le 8 mai 1662, une fille Anne Rousseau née en 1666 à Varades, mariée à François de Quatrebarbes écuyer, seigneur de Juigné et de la Marquisière, dont une fille morte sans alliance.

Jean VIII de La Poëze Colinière se remaria en deuxième noce à noble CLAUDINE DU PASNANTAIS, fille de Jean du Pasnantais, chevalier des ordres du Roy dont les armoiries sont : « écartelées au I et au IV d'or ; au II et au III de gueules au lion rampant, brochant sur le tout de l'un en l'autre » dont :

ANNE DE LA POEZE COLINIÈRE, qui épousa (1) Messire JACQUES DE VAY, chevalier, seigneur de la Fleuriais et de la Rochefordière en Ligré, dont les armoiries sont « de gueules à un croissant d'hermine, sommé d'une croix alaisée d'or », dont quatre enfants, René, Yvonne, Philiberte et Marie de Vay.

Marguerite et Anne de La Poëze vendirent en l'année 1633 à Jacques de La Poëze-Jonchère, la terre de la Colinière près Chantoceaux.

B. — Messire FRANÇOIS V DE LA POEZE, chevalier, seigneur de la Jouinière. Il épousa noble CATHERINE DE FEUQUEROLLES dont les armoiries sont : « d'or à un brin de fougères, posé en Pal », sœur de François de Feuquerolles, écuyer, seigneur de Princay, sénéchal du Comté de Durtal.

Il ne laissa pas de postérité.

1. Paroisse de Mésangé, 11 février 1662. Jacques de Vay était fils de David et de Suzanne du Hardas.

C. — Messire JEAN DE LA POEZE, Prieur de Carbey en 1569.

D. — Messire JEAN DE LA POEZE, seigneur de la Robinière en 1593, paroisse de Chalonnes sous le Lude.

E. — Messire ANTOINE DE LA POEZE, Prieur de Brissarthe.

F. — Messire PHILIPPE DE LA POEZE, vivant en 1583.

G. — Messire JACQUES DE LA POEZE, Prieur de Brissarthe après son frère Antoine de 1602 à 1605.

H. — Messire PIERRE DE LA POEZE, Prieur de Brissarthe après ses deux frères de 1608 à 1624.

5. — ANTOINETTE DE LA POEZE, dame de la Polleterie et de l'isle Valain. Elle épousa en 1553 Messire JEAN PANTIN, écuyer, seigneur de la Guere, dont les armoiries sont : « d'argent à la croix de sable, cantonnée de quatre molettes d'éperon de gueules », second fils de Jean Pantin, écuyer, seigneur de la Hamelinière et de la Guerre et de noble Renée de La Rochecoron de la Maison de Rochechouart.

Antoinette de la Poëze et Jean Pantin eurent un seul fils HARDOUIN PANTIN qui épousa en 1581 ANNE CHENU DE CLERMONT, de la maison de Chenu, princes d'Yvetot en Normandie, fille de Jean Chenu, chevalier, et de Mathurine de Brécel, fille elle-même de Christophe de Brécel, seigneur de la *Seilleraie* et de Catherine du Chaffault et une fille Isabelle Pantin qui épousa en 1603 Messire Gilbert de Martel, seigneur du Paluau.

6. — Radegonde de La Poëze morte en bas-âge.

X

I. — ENFANTS DE MESSIRE RENÉ DE LA POËZE, CHEVALIER SEIGNEUR DE LA BRETESCHE, DE LA NAULLIÈRE, ET DE JULIENNE DU PLESSIS LIMON.

Faisant continuation directe de la Deuxième Branche.

1. — Messire JULIEN DE LA POEZE, chevalier, seigneur de la Bretesche de la Naullière.

Il marcha en 1542 avec les nobles de sa province convoqués par le Roy, ainsi que le justifie un congé qu'il reçut pour blessures.

Il se rendit à l'arrière-ban auquel il fut convoqué comme noble en 1557.

Il fit une transaction partage le 7 octobre 1563 noblement et avantageusement comme héritier principal avec ses frères et sœurs mineurs en présence de Jeanne de la Tousche, veuve de René de La Poeze, chevalier, tant en son nom privé, que comme tutrice et ayant la garde noble de ses huit enfants, Pierre, François, Jean, Michel, Anne, Jeanne, Louise et Catherine de La Poëze; ayant pour curateur haut et puissant seigneur Joachin de La Tousche, chevalier, seigneur de La Tousche-Grignon, paroisse de Longueville et de Fontordine.

Julien de La Poeze est décédé sans alliance en 1571 au lieu noble de La Naullière.

Les héritiers maternels de Julien furent pour leur part Jean et Philippe Telachère, Georges Parran, Charles et François de Verno, et Jacques Savary.

2. — Messire JEAN DE LA POEZE, chevalier, décédé en bas-âge.

3. — Messire JACQUES DE LA POEZE, chevalier, seigneur de la Bretesche, mort sans alliance.

II. — ENFANTS DE MESSIRE RENÉ DE LA POÈZE, SEIGNEUR DE LA NAULLIÈRE, DE LA BRETESCHE, ET DE JEANNE DE LA TOUCHE DES PLANCHES LIMOUSINIÈRE

Continuant directement la Deuxième Branche

et dont huit enfants. •

1. — Messire PIERRE DE LA POEZE aîné, seigneur de la Naulière, de la Bretesche, des Roches en Aizenay, du Grand-Plessis, de la Salle, de la Landière, en le Loroux de la Bretellière et autres lieux, chevalier.

Il fut en l'année 1563 au camp devant la Rochelle, faisant corps avec la noblesse de l'arrière-ban de la Province de Poitou et y fit son service suivant le certificat qu'il en reçut le 9 août l'an 1563.

En l'année 1573, il reçut un congé du commandant de la noblesse de sa province, avec lequel il était alors sous les armes et en l'an 1580 un certificat du Comte du Lude (Jean de Daillon) de ses brillants services, principalement au siège de Montaigu avec le corps noble de sa province.

Le 21 juillet 1582 Messire Pierre de La Poèze obtint de Pierre Brisson, écuyer, sénéchal de Fontenay-le-Comte, commissaire départi à la réformation de la noblesse, d'après ses filiations et généalogies remontantes avec titres au soutien jusqu'à Johan de La Poeze, vivant en 1280, un arrêt de reconnaissance de sa noblesse d'ancienne extraction et de maintenue en icelle et en 1587, il reçut une commission d'Henry III, roy de France.

En divers actes notariés qu'il passa notamment en 1571, 1596 et 1597, Pierre prend la qualité de haut et puissant seigneur.

Il partagea comme héritier principal noble, noblement et avantageusement avec ses frères et sœurs, par acte du 18 août 1572, 21 juillet 1574, 7 janvier

1575 et 1598, les successions de ses père et mère et de ses frères du premier lit.

Il épousa ORIANE DE MAUCLERC dont les armoiries sont : « d'argent, à la croix ancrée de gueules », fille de Julien de Mauclerc, chevalier seigneur du Ligneron et de Perrette Dujardin.

De ce mariage sont issus les trois enfants qui ont fait la continuation directe de la deuxième Branche et dont les noms suivent au XI° degré ci-après.

Messire Pierre de La Poëze est décédé, avril 1622.

2. — Messire FRANÇOIS IV DE LA POEZE, chevalier, décédé sans alliance en 1569.

3. — Messire JEAN VII DE LA POEZE, chevalier, né à Champtoceaux, paroisse de la Madeleine, le 15 octobre 1544, seigneur du Marais, de Monts, la Jobretière et autres lieux.

Il ne laissa d'enfant de demoiselle   qu'il avait épousée que celui qui suit et qui fit le premier *Rameau* de cette deuxième *Branche*.

PIERRE II DE LA POEZE, chevalier, seigneur du Marais de la Jobretière, de Monts et autre lieux. En première noce, il épousa le 30 novembre 1617 à Ancenis Anne de Chasles, fille de Mathurin, sénéchal et prévost d'Ancenis, et de Renée Le Large. En deuxième noce, il épousa Claudine de Salo, dont les armoiries sont : « d'argent à trois fleurs de lys, de gueules à la bordure de sable », fille de Charles de Salo, chevalier seigneur des Cousteaux, de Beaulieu-sous-la-Roche, vivant encore en 1605.

Claudine se fit confirmer dans sa noblesse par Messire Pierre Barentin, le 23 septembre 1667, avec sa sœur Marie de Salo, mariée à Messire de Villeneuve, seigneur du Plessis-de-Rosnay.

Pierre eut une fille de Anne de Chasles, Anne de La

Poëze qui suit : Claudine, étant veuve épousa après
le 1er février 1641 noble Jean de Rorthays.

ANNE DE LA POEZE, dame du Marais et de la
Jobretière qui épousa le 11 février 1638, Messire Jac-
ques-François Rigault, chevalier, seigneur de Millepieds, dont les armoiries sont : « d'argent au sautoir de gueules, cantonné en chef d'une fleur de lys
de sable, à dextre et à senestre, d'une hermine de
même et en pointe d'un lion de gueules couronné » :
dont est issu un fils mort en 1718 sans postérité d'Anne de Lancreau, Dame de Piar de la maison de Bréon
et une fille Anne Rigault de Millepieds le 3 août 1656,
mariée à Philippe de la Béraudière, seigneur de Maumusson (1) dont un fils et deux filles; Jacques René
de la Béraudière, marié à Françoise Charlotte Davy
du Mottais le 11 juillet 1702 dont Jacques-Charles de
la Béraudière.

4. — Haut et puissant seigneur MICHEL DE LA
POEZE, chevalier, né en 1546, seigneur de la Landière, de Saint-Gilles, conseiller du Roy au Parlement
de Bretagne.

Il épousa noble demoiselle de Charrette dont les
armoiries sont : « bande d'or et de gueules », fille de
Jean Charette, seigneur de la Bretonnière et de Julienne de Ruais, nièce de Messire de Charrette (Julien), chevalier, sénéchal en 1587 au siège présidial
de Nantes, il décéda en 1598.

De ce mariage naquit noble et puissant PIERRE DE
LA POEZE, chevalier, seigneur du Marais, licencié
en droit, avocat à la cour et Parlement de Bretagne,
fils et héritier principal de noble Michel.

Pierre suivant contrat de mariage passé devant la
cour de Nantes le 30 novembre 1617, assisté de Dame
Jeanne de Charrette, sa mère dame du Marais, de-

1. Maumusson, paroisse de Gléré (Maine-et-Loire), château détruit.

meurant à Nantes, paroisse de Sainte-Croix épousa ANNE DE CHASLES dont les armoiries sont :

fille de noble Mathurin de Chasles, docteur en droit, sénéchal, prévôt et juge de la ville et Baronnie d'Ancenis et de noble Renée Le Large, seigneur et Dame de la Bougonnière et de la Dauvaie.

Ce contrat de mariage est signé par les parents ou alliés suivants :

Jeanne de Charette, Mathurin de Chasles, Pierre de la Poëze, René Charette, Charles Jousseaume, seigneur du Coubereau, Louis et Julien Charette, Blanchard de la Fuye, d'Achon, de Montalembert, de Prézeau, Papin notaire royal.

5. — Noble ANNE DE LA POEZE, mariée à noble Messire GEORGES PARRAN, seigneur de Boisanne, de Saint-Christophe-au-Bois et de la Bertaudière dont les armoiries sont :

dont Perrine, Anne et Pierre Paran, qui se maria et ne laissa pas d'enfants vivants en 1572.

6. — D. JEANNE DE LA POEZE mariée en première noce à haut et puissant seigneur PIERRE DANYAU, dont les armoiries sont : « d'azur à trois croissants d'or, II en chef le IIIᵉ en pointe », chevalier, seigneur de Saint-Gilles-sur-Vie (Poitou) dont I Messire Josias Danyau, chevalier, conseiller au Parlement de Paris, II N. Danyau chevalier de Malte et III Anna Danyau.

Après 1594 Jeanne épousa haut et puissant seigneur, Messire ANDRÉ BOUHIER, seigneur de la Verrie, de Beauregard de la Vergne, sénéchal de Fontenay-le-Comte, conseiller du Roy, trésorier de ses menus plaisirs, commissaire des guerres, dont les armoiries sont d'azur à une rencontre de bœuf d'or, sommé entre les cornes d'une étoile de même », avec la devise « tout par labeur ».

Jeanne ne laissa pas d'enfants de ce mariage et mourut avant le 29 décembre 1611 puisqu'à cette époque, André Bouhier se remariait à Jaqueline Sauvestre, dame de Clisson dont il laisse postérité.

La Famille Bouhier dont était Jean Bouhier, chevalier, tué à la bataille de Poitiers, en 1856, remonte à René Bouhier vivant en 1110.

Vincent Bouhier, seigneur de Beaumarchais, conseiller du Roy Henri IV eut deux filles : Marie, femme de Charles, Duc de la Vieuxville qui fut l'aïeule de la Duchesse d'Orléans, mère du Roi Louis-Philippe et Lucrèce qui épousa en première noce Louis de La Trémouille et en deuxième noce, Nicolas de L'Hospital, Duc de Vuitry, maréchal de France.

Jacques Bouhier, chevalier, seigneur de Beauregard était frère cadet de Vincent; il maria ses deux filles, Marie, à Jean Veillon et Isabelle, à Charles Gourdeau. De ce dernier mariage naquit Isabelle, qui épousa Alexandre de Bessay, seigneur de Laurière.

La famille de Bouhier était une des plus considérables du pays, par ses fiefs et ses alliances, telles que la Rochefoucauld Guébriand, Chateaubriand, etc.

7. — LOUISE DE LA POEZE, mariée le 17 novembre 1562 à haut et puissant seigneur JEAN DES HERBIERS chevalier, seigneur de l'Etanduère, Beaufou, La Ferrière, Vouvant, dont les armoiries sont : « de gueules, à trois fasces d'argent », fils de Jean des Herbiers, chevalier et de Jeanne Foucher de la maison de Brandois.

Il fut au nombre des défenseurs de Poitiers, comme il appert d'un certificat que lui délivra Guy de Daillon, Comte du Lude en 1569.

Il fit son testament en 1573 et n'existait plus le 7 janvier 1573.

Il laissa LOUIS DES HERBIERS, chevalier, qui épousa noble DIANE DU PLANTYS d'où sept enfants : L'aîné qui épousa Marie d'Escoubleau de Sourdis.

Jean, seigneur des Dorides qui épousa le 3 novembre 1599 Antoinette de Rouault dont il eut Charlotte mariée le 23 novembre 1628 à Nicolas de la Ville de Férolles, auquel elle apporta la seigneurie des Dorides.

L'illustre arrière-petit-fils de Louise de La Poëze et de Jean des Herbiers fut Henry-François des Herbiers de l'Etanduère nommé chef d'escadre en 1747; se rendit à Saint-Domingue, commandant cinq vaisseaux. La même année plus de 250 bâtiments étaient en rade d'Aix attendant une escadre pour les conduire aux colonies et les protéger contre les Anglais. On le choisit pour commander cette escadre de huit vaisseaux et d'une frégate. Avec cette escadre il combattit contre 19 navires et quatorze vaisseaux anglais.

Il se retira commandant de la marine à Rochefort en 1750 après 58 années de service actif.

Le 15 mars 1575 Louise de la Poëze épousa en deuxième noce Messire JEAN ROGIER, chevalier, seigneur de Mavau, La Justière dont les armoiries sont : « d'azur à trois roses d'or », en 1574, conseiller du Roy en ses conseils d'Etat et privé, Président en la grande chambre au Parlement de Bretagne.

Jean Rogier avait un fils de son premier mariage, Jean Rogier, seigneur de Langle, également conseiller du Roy et Président au Parlement de Bretagne qui épousa Anne de la Tousche Limousinière.

En 1575, le 9 mars, Jean Rogier fut nommé tuteur des enfants mineurs de Louise de La Poëze et de Jean des Herbiers.

8. — CATHERINE DE LA POEZE qui épousa en 1591, noble PIERRE AYMON, de la Branche du Fief dont les armoiries sont : « d'argent à trois merlettes de sable, deux et une », écuyer, seigneur de la Puyatière et de la Pitière en Chauché, Poitou, dont une fille Lucrèce, mariée à Messire Charles de Montsorhier.

De ce mariage, naquit Charles de Montsorbier qui eut pour parrain haut et puissant seigneur Parmenas de La Poëze et marraine Céleste Bruneau de La Rabastelière, (registres de Chauché).

Catherine de la Poëze épousa en deuxième noce noble MATHURIN DE MONTSORBIER, dont les armoiries sont « burellé en pal d'azur et d'argent d'onze pièces à la bordure componée de même », chevalier, seigneur de la Braslière, en Chauché, père de son gendre.

XI

I. — ENFANTS DE MESSIRE PIERRE DE LA POËZE CHEVALIER, SEIGNEUR DE LA NAULIÈRE, ET DE LA BRETESCHE ET D'ORIANNE DE MAUCLERC, DAME DU LIGNERON.

Continuant directement la Deuxième Branche

1. — Haut et Puissant seigneur PARMENAS DE LA POEZE, chevalier, seigneur de la Bretesche, de la Naulière, du Ligneron et autres lieux. Il fut nommé en 1614 chevalier de l'Ordre du Roy, gentilhomme ordinaire de la chambre des Roys Henry IV et successeurs. Il eut dans les années 1617, 1618, 1619 des committimus du Roy.

Parmenas vendit la Naullière à Laurent Lemestre, seigneur de la Papinière.

Parmenas de La Poëze avait épousé ANNE DE BUOR dont les armoiries sont : « d'argent, à trois coquilles de gueules, au franc canton d'Azur », dont il ne laissa pas de postérité et mourut en avril 1622, laissant sa sœur Constance héritière de tous ses biens nobles.

2. — Noble CONSTANCE DE LA POEZE qui par-

tagea noblement et avantageusement avec sa sœur
puînée Anne.

Constance épousa le 8 avril 1608 haut et puissant
seigneur CHARLES JOUSSEAUME, chevalier dont les ar-
moiries sont : « de gueules, à trois croix patées d'argent 2 et 1 à la bordure d'hermine », seigneur du
Couboureau, chevalier de l'ordre du Roy, gentilhomme ordinaire des Rois Henry IV et Louis XIII.

Elle apporta entre autres biens, la seigneurie de la
Bretesche habitée par la famille de La Poëze depuis
1440 qui fut érigée en Marquisat en 1657 en faveur
de Messire Esprit Jousseaume, fils de Messire Louis
Jousseaume et de noble Gabrielle du Puy-du-Fou, sœur
de René du Puy-du-Fou et de Champagne, chevalier
de l'ordre du Roy gentilhomme de sa chambre, Baron de Comberonde.

A. — De ce mariage sont issus les deux enfants qui
suivent :

a. — ESPRIT JOUSSEAUME, chevalier, gouverneur
de Poitiers en 1637, lieutenant général 1693, chevalier de Saint-Louis.

Ce fut en sa faveur que la seigneurie de la Bretesche fut érigée en marquisat en 1657 ; il fut reconnu
d'ancienne extraction et noble le 1er avril 1669, décédé en 1706.

b. — MARIE JOUSSEAUME qui épousa en 1637
RENÉ II DE ROUGÉ, chevalier, seigneur des Rues,
Bellière, mort en 1647, frère de Messire de Rougé du
Plessis Bellière qui eut avant son décès le bâton
de maréchal de France, dont la fille épousa le maréchal de Créquy.

B. — ANTOINETTE qui épousa SAMUEL II DE LESPINAY, chevalier, seigneur de Briord.
Charles Jousseaume mourut en 1633.

3. — ANNE DE LA POEZE qui épousa Messire ALEXANDRE PAPION DU CHATEAUX, seigneur de Bellechausée, en Saint-Gervais (Poitou), dont les armoiries sont : « d'azur, au chevron d'or, surmonté en chef de trois étoiles d'or, en pointe d'un croissant », dont un fils RENÉ PAPION marié en 1622 à noble JEANNE BÉGNON.

X

III. — ENFANTS DE MESSIRE FRANÇOIS DE LA POËZE, SEIGNEUR DE LA JONCHÈRE, ET DE NOBLE ISABELLE VERGE.

Faisant le Deuxième Rameau de la Deuxième Branche

1. — Messire ANTOINE DE LA POEZE, écuyer, seigneur de la Jonchère né à Saint-Georges-sur-Loire le 1er octobre 1553, sénéchal de la Marolais, au Vieux Juigné dans le Maine.

Il partagea noblement et avantageusement en 1561 avec ses frères puînés et ses sœurs la succession de son père François de la Poëze.

Il rendit aveu de sa terre et seigneurie de la Jonchère à Anne de Montmorency connétable de France.

Il décéda sans alliance.

2. — HÉLÈNE DE LA POEZE qui fut baptisée le 28 mai 1565 ; elle eut pour parrain noble François Millet, châtelain de Serrant, et pour marraines Hélène de Daillon, comtesse du Lude, et Madeleine de La Poëze, morte en bas âge.

3. — FRANÇOIS DE LA POEZE, baptisé le 16 juin 1568 qui eut pour parrains Dom Antoine Landri, prêtre, et noble François des Chapelles et pour marraine noble Claude de Brie, morte en bas âge.

4. — Messire JACQUES II DE LA POEZE, cheva-lier, seigneur de la Jonchère et de Bouvenay, pa-roisse de Soudan.

Il épousa le 23 juillet 1589 noble MADELEINE LE GRAY, dont les armoiries sont: « d'azur à un pin de sinople, rehaussé d'un croissant et d'un aiglon de sable ».

Il acheta après le décès de son frère aîné et de ses cousines Anne et Marguerite de La Poëze Colinière, filles de Jean V° de La Poëze Colinière, le château et terre de la Colinière près Chantoceaux.

De ce mariage sont issus les quatre enfants dont les noms suivent au XI° degré ci-après, n° 2.

5. — LOUISE DE LA POEZE qui épousa le 26 fé-vrier 1582, Messire JACQUES DE ROGUES, écuyer, sei-gneur de la Poëze en le Loroux Boterel dont les ar-moiries sont : « d'argent, à la croix de gueules, can-tonnée de quatre aigles éployés de sable ».

De ce mariage sont nés deux enfants, un fils et une fille mariée le 27 septembre 1613 à Messire Fran-çois d'Espinay, chevalier, seigneur de Courléon, ma-réchal des logis de l'arrière-ban d'Anjou, issu en ju-veignerie des Sires de l'Espinay dont les armoiries sont : « d'argent, au chevron d'azur, chargé de cinq besants d'or », dont postérité. C'est sa descendance qui a porté la châtellenie de La Poëze en Le Loroux Boterel à Messire de Kergus Kerstang, lequel comme émigré en 1792 en a été révolutionnairement spolié.

Louise de la Poëze se remaria le 25 juillet 1597 à Messire FRANÇOIS PINSON, écuyer, dont les armoi-ries sont : « d'argent à une croix ancrée de sable, cantonnée au I et IV d'une merlette de sable, au II et III d'une feuille de sinople », dont un fils, Pier-re Pinson, chevalier, seigneur de la Martinière, por-teur en 1670 du lit de chasse du Roy et l'un des cent

gentilshommes de sa maison, marié à noble Renée
de Vaujoyeux et une fille Françoise Pinson, mariée à
Messire Mathieu de Lespinay, écuyer, dont les armoiries sont : « d'argent à trois buissons d'épine de sinople
II et I ».

6. — CLAUDINE DE LA POEZE, mariée à Messire François de Hillerin, seigneur de La Tousche, commune de Carbey, vivants encore en 1683
dont les armoiries sont : « de gueules à trois roses
d'argent. »

7. — MARIE DE LA POEZE mariée en 1571 à Messire Gilles de la Villethébaud, chevalier, dont les
armoiries sont :

XI

**II. — ENFANTS DE MESSIRE JACQUES DE LA POËZE,
CHEVALIER SEIGNEUR DE LA JONCHÈRE,
ET DE NOBLE MADELEINE LE GAY.**

Continuant le deuxième rameau de la deuxième branche

1. — Messire ANTOINE II DE LA POEZE, chevalier, seigneur de la Jonchère, de Bouvenay et autres lieux, partagea noblement avec ses puînés le
17 août 1624.

Il épousa noble Marie Loeseau dont les armoiries
sont : « d'azur à l'épervier d'argent, armé, becqué,
grilletté et longé d'or », dont il n'eut pas d'enfants.

Marie Loëseau était de la famille de Michel Loëseau,
évêque d'Angers au XIIIe siècle, famille qui existait
encore en la personne de Félicité Loëseau de Mauny
en 1785.

2. — FRANÇOIS VI DE LA POEZE, chevalier, seigneur de la Jonchère, de Bouvenay, après son frère Antoine, de la Colinière en Chantoceaux, du Pontguinebault. Il présenta en 1635 ses titres et sa généalogie remontant à Johan de la Poëze, vivant en l'an 1240 à Messieurs les commissaires généraux de Sa Majesté, pour le Régaillement des tailles en la généralité de Tours et en reçut le 21 mai 1635 une déclaration de reconnaissance de sa noblesse d'ancienne extraction.

François vendit la châtellenie la Jonchère, comté de Nantes et Bouvenay, paroisse de Soudan, près de Rennes en 1644 à Messire Saget.

Il épousa noble JACQUINE DE MÉSANGER, fille de Messire de Mésanger, chevalier, dont les armoiries sont : « d'argent, à trois merlettes de sable II et I », dont est issu celui qui suit au XIIᵉ degré, I, ci-après continuant le deuxième Rameau de la deuxième Branche.

François écartelait ses armoiries d'une brisure dans la cornière senestre de son écu d'un croissant de gueules et prit pour devise : « Favente numine ».

3. MADELEINE DE LA POEZE mariée en 1657 à Messire JEAN LEGOUZ, chevalier, seigneur des Mortiers dont les armoiries sont : « de gueules, à trois croissants d'argent posés II et I », fils de haut et puissant seigneur Nicolas Le Gouz, seigneur des Mortiers, mort en 1621.

De ce mariage naquit une fille, Françoise Le Goux, qui épousa en 1674 Messire François Michiel, seigneur de la Thebaudaye, demeurant au Fougeray, décédé en 1682.

En 1669, François Michiel fut maintenu d'ancienne extraction par arrêt de la chambre de la réformation de la noblesse en Bretagne.

4. — CLAUDINE DE LA POEZE, mariée à Messire FRANÇOIS LE CORDIER, chevalier, seigneur de
la Gaultrie et de la Maisonneuve, dont les armoiries
sont : « d'azur, à un chevron d'or, chargé de trois
losanges de sable, accompagné en chef d'un croissant d'argent, accosté de deux annelets câblés de même et en pointe d'un griffon d'or », d'où un fils qui
épousa noble Nicole Saget.

Claudine est décédée en 1689.

XII

1. — ENFANTS DE HAUT ET PUISSANT SEIGNEUR FRANÇOIS DE LA POÊZE, CHEVALIER SEIGNEUR DE LA COLINIÈRE ET AUTRES LIEUX, ET DE NOBLE JACQUINE DE MÉSANGER

Continuant le deuxième rameau de la deuxième branche

1. — LOUISE DE LA POEZE, haute et puissante
dame de la Colinière qui épousa Messire HENRY DE
RUAIS, chevalier, seigneur de L'Eraudière, famille
d'ancienne extraction maintenue dans sa noblesse en
1688 dont les armoiries sont : « d'azur à trois têtes
d'aigles, arrachés d'or, couronnés et lampassés de même », dont est issu écuyer et discret Gilles de Ruais,
curé de Saint-Léonard de Nantes.

Henry de Ruais son frère puîné, seigneur de la
Colinière, épousa noble Elisabeth de Jousbert de la
Jarrie dont un fils qui était en 1790, conseiller au
Parlement de Bretagne.

La famille de Jousbert de la Jarrie s'est éteinte
dans la famille de Lyrot qui a ajouté le nom de la Ja-
rie au sien.

X

IV. — ENFANTS DE MESSIRE GUILLAUME DE LA POËZE, CHEVALIER SEIGNEUR DE LA COLAISSIÈRE ET AUTRES LIEUX, ET DE NOBLE FRANÇOISE DE BILLÉ DE LA VARANNE.

Faisant le Troisième Rameau de la Deuxième Branche

1. — Messire JACQUES III DE LA POEZE, chevalier né à la Colaissière en 1557, seigneur de la Colaissière, de Malvoisine et autres lieux.

Il partagea noblement et avantageusement avec ses puînés et en 1589, par sentence de l'élection d'Angers, il fut reconnu et déclaré noble d'ancienne race et extraction d'après sa généalogie avec titres et pièces justificatives au soutien, depuis Johan de La Poëze, chevalier, vivant en 1280.

Il épousa par contrat passé en l'étude de maîtres Girardet et Merceron, notaires à Nantes, le 22 mai 1584, noble FRANÇOISE DE PRÉZEAU, dame de la Haie, commune de Landemont, fille de Messire Jean de Prézeau, seigneur de la Guilletière et de Loëzelinière, chevalier, dont les armoiries sont : « de sable, au sautoir engreslé d'argent, cantonné de quatre coquilles de même », et de noble Perrine d'Andigné, petit-fils d'Éonnet de Prézeau, maître des monnaies, en 1420.

Jacques et son épouse se firent donation mutuelle par devant Emériau, notaire en 1606.

Jacques a été enterré le 7 novembre 1614 en la chapelle seigneuriale de Saint-Sauveur de Landemont et Françoise de Prézeau est morte à la Colaissière en 1633, enterrée à Saint-Sauveur.

De ce mariage sont issus les sept enfants dont les noms suivent au XIᵉ degré, ci-après, n° III.

2. — Messire ANTOINE II DE LA POEZE, qui eut en 1598 la haute dignité de chambrier à l'abbaye de Toussaint d'Angers.

3. — MARGUERITE DE LA POEZE qui épousa Mes-

sire René de la Rivière, écuyer, seigneur de la Bélon-
nière et de la Blounière, fils d'escuyer Mathurin de la
Rivière, dont les armoiries sont : « d'or, à cinq fusées
de gueule en fasce, brisé d'un canton d'hermines »,
et de Simone de Brioul dont postérité. La Belonnière
situé commune de Saint-Germain des Prés (Anjou),
la petite Blounière, commune de La Poëze, terre ap-
partenant dès 1520 et jusqu'au milieu du XVIIe siècle
à la famille de la Rivière et vendue à Elisabeth de
Champchevrier en 1675.

4. — JEANNE DE LA POEZE qui, en première
noce épousa Messire Gilles Michiel, écuyer, seigneur de La Mare, fils de Messire Pierre Michiel, chevalier, seigneur de la Piroutaie, dont les armoiries
sont : « d'argent, au sautoir de vair, chargé en cœur
d'une annelet de gueule, cantonné de quatre étoiles
de même » et de Dame Jeanne Derien dont François
Michiel, écuyer, seigneur de La Mare.

En seconde noce Jeanne épousa en 1600 Messire
René de Saint-Aubin, chevalier, fils de Messire Philippe de Saint-Aubin, chevalier, dont les armoiries
sont : « de gueule à la bande d'argent et de Dame
Roberte de Gouves, dont un fils Guy et sa fille,
mariée à Messire Loaysel, écuyer, seigneur de Cros-
sac dont les armoiries sont : « d'argent à trois merlettes de sable 2 et 1.

XI

III. — ENFANTS DE HAUT ET PUISSANT SEIGNEUR MESSIRE JACQUES DE LA POËZE, CHEVALIER SEIGNEUR DE LA COLAISSIÈRE, ET DE FRANÇOISE DE PRÉZEAU.

Continuant le troisième rameau de la deuxième branche

1. — LOUIS DE LA POEZE, seigneur de la Colaissière et autres lieux, chevalier, né à la Colaissière

le 21 mai 1585, décédé sans alliance le 14 mai 1616 et enterré devant l'autel Saint-André en l'église de Saint-Sauveur.

2. — PIERRE III DE LA POEZE né à la Colaissière le 7 septembre 1586, fut prêtre, prieur, curé au Chêne-Courbet et fit donation en 1628 de ses droits d'aînesse à son frère puîné, Messire René.

8. — Messire RENÉ IV DE LA POEZE, né à la Colaissière, le 21 février 1594, seigneur de la haie Prézeau qu'il afferma en 1629, partagea noblement et avantageusement avec ses puînés par devant Maître Dettié, notaire royal à Angers, le 22 mai 1638.

Ce fut chez lui que se réfugia en 1654 le fameur Cardinal de Retz, lors de son évasion du château de Nantes, ainsi qu'il se voit dans les mémoires de ce cardinal, imprimés en 1717 et dans ceux de Joly, imprimés en 1718.

JACQUES épousa en première noce par contrat passé en l'étude de maîtres Lefèbre et Basteau notaires en la ville de Talmond en Poitou, le 2 janvier 1626, noble ELISABETH DE JOUSBERT DE LA JARIC dont les armoiries sont : « d'azur à trois molettes d'éperon d'or », fille de noble et puissant Georges de Joubert, chevalier, seigneur de la Jarrie, de la Domangère et autres lieux et de noble Marie Marchand.

Elisabeth est morte sans enfants et a été inhumée dans la chapelle seigneuriale de Saint-Sauveur en 1627.

René épousa en deuxième noce par contrat passé par devant maîtres Goulin et Bourcier, notaires royaux à la Rochetinière, Poitou, le 25 novembre 1631, noble Geneviève Gouin de la Chapelle Piniot dont les armoiries sont : « d'argent, à la chapelle de sable, ombrée de sinople, au pin fruité d'or », fille de Messire Nicolas Gouin, seigneur de la Chapelle Piniot, chevalier, et de noble Louise Chauvet.

Il décéda à la Colaissière le 10 mars 1666.

De ce mariage sont issus les dix enfants dont les noms suivent au XII degré, II, ci-après.

4. — Messire N. DE LA POEZE qui fut religieux et eut la dignité de l'aumônerie de Chanteauceaux.

5. — RENÉE DE LA POEZE, née à la Colaissière le 24 avril 1588, épousa Messire Ellénus Cheminée dont les armoiries sont : « d'argent, à trois feuilles de chêne de sinople, mises en bande », écuyer, seigneur de la Brunellière-en-Villedieu. Elle mourut sans enfants le 28 août 1645.

Ellénus Cheminée se remaria à CATHERINE MABILLE en 1654, il avait pour frère Simon Cheminée, prieur de 1638 à 1653 du Chêne-Coupbet.

6. — SUZANNE DE LA POEZE, née à la Colaissière, le 28 décembre 1597, fut mariée à Messire JACQUES DE GOURDON, chevalier, seigneur des Cotteaux et de la Rivière dont les armoiries sont : « d'azur, à trois étoiles d'or, mises en pal ».

Jacques de Gourdon était de la même famille que Jacques Richard de Gourdon, seigneur de Genouillac dit Galliot, qui servit avec la plus grande distinction le roy François Ier dans l'artillerie où comme chef de ce corps, il contribua plus que personne au gain de la bataille de Marignan en 1515.

De ce mariage n'est issue que Charlotte de Gourdon qui fut mariée en première noce à Messire Henry de Terves, écuyer, seigneur du Boisgirault, en seconde noce à Messire Augustin d'Anthenaise, seigneur de la Fontaine en Landemont dont Augustin et Prosper d'Anthenaise. Ce dernier épousa Élisabeth de Sainte-Marthe.

7. — GABRIELLE DE LA POEZE, morte en bas âge en 1650 inhumée dans la chapelle de Saint-André annexée à l'église de Saint-Sauveur.

XII

II. — ENFANTS DE MESSIRE RENÉ DE LA POËZE, CHEVALIER, SEIGNEUR DE LA COLAISSIÈRE ET AUTRES LIEUX, ET DE GENEVIÈVE GOUIN DE LA CHAPELLE PINIOT.

(La Chapelle Piniot paroisse de Saint Hilaire en la Roche-sur-Yon).

Continuant le troisième rameau de la deuxième branche

1. — Messire PIERRE IV DE LA POEZE né à la Colaissière le 29 décembre 1636, mort la même année.

2. — Messire RENÉ V DE LA POEZE, chevalier, seigneur de la Colaissière, y est né le 1er avril 1639.

Il produisit en 1667 sa généalogie avec titres au soutien à Messire Jean-Baptiste Voisin, chevalier, commissaire départi par Sa Majesté ès Provinces d'Anjou, du Maine et de Touraine, à la recherche des usurpateurs des titres de noblesse, il en reçut le 21 mai 1667 une ordonnance qui le décharge de toutes recherches contre lui, attendu l'authenticité de sa noblesse d'ancienne extraction.

Il partagea noblement et avantageusement, par acte devant Pierre Papin, notaire à Chantoceaux, avec ses puînés en 1667 et en 1671 les successions de ses père et mère et décéda sans alliance cette même année.

3. — LOUIS II DE LA POEZE, chevalier, né à la Colaissière, le 6 juillet 1641, seigneur de Malvoisine, décédé sans alliance en 1678 et inhumé dans la chapelle de Saint-André de Saint-Sauveur.

4. — JOSEPH DE LA POEZE, écuyer, né à la Colaissière le 28 décembre 1642, décédé sans alliance.

5. — GABRIEL, appelé le COMTE DE LA POEZE, chevalier, né à la Colaissière le 29 mars 1644, sei-

gneur de la Coutaudière et après le décès de ses frères aînés, seigneur de la Colaissière.

Il épousa le 23 mai 1674, par contrat passé en l'étude de maître Charles Marchesseau, notaire à Drain, noble ANNE DE LA CHEVIÈRE dont les armoiries sont : « d'argent, à trois têtes de cerf, arrachées de gueules II et I », fille aînée de Messire François de la Chevière, chevalier, seigneur du dit lieu en Martigné-Ferchaud, proche Rennes et de noble Marguerite du Mont, dame du Mézangeau proche Drain, et petite-fille de Messire René de la Chevière et de Philippe de la Court, mariés au château du Boisgarnier en 1609.

Anne de la Chevière avait pour sœurs puînées, Catherine, mariée à Messire Georges du Breil qui eut pour héritière Catherine du Breil qui épousa Messire Henry du Matz, seigneur de Villeneuve dont elle était veuve en 1703. Marie de la Chevière, mariée à Messire Maurice Martineau dont plusieurs enfants. Elle se remaria avec Messire François de Beauvau, seigneur du Guieray et Renée, religieuse au couvent des Ursulines d'Ancenis.

Marguerite Du Mont, mère d'Anne de la Chevière avait pour sœurs cadettes, Anne, mariée à N. Le Roger Chantepie, Marie, mariée à N. de Feuquerolles, Madeleine, à N. de la Merrie en 1678.

Philippe de la Court aïeule d'Anne de la Chevière avait pour sœurs N. de la Court, mariée à N. Chenu, seigneur de Clermont; sa seconde sœur épousa N. de Challe, seigneur de La Bourgonnière, en seconde noce N. Rousseau, seigneur du Plessis de Varède et en troisième noce, à N. de Quatrebarbes, seigneur de la Marquisière qui ont laissé postérité. Elles étaient toutes filles de Messire René de la Cour, seigneur de La Bellière; en 1612 maréchal de camp ès armées du Roy, chevalier de l'ordre du Roy et de Jeanne-Louise Terrien de la Rablaye, dame de la Bellière.

C'est par les La Chevière que les La Poëze sont parents alliés de l'illustre famille de Chaperon, des Rougé, seigneur de la Bellière, des Charbonneau, des de Brie, des de Vaulgirault, des Chenu de Clermont-Cellier, des La Bourdonnaie de Liré.

Messire Gabriel de la Poëze comparut à l'arrière-ban de la noblesse d'Anjou le 7 septembre 1674, en 1689 et 1695.

Ayant été en raison des biens nobles qu'il possédait en Bretagne, inquiété en l'année 1704 par le préposé à la recherche des usurpateurs des titres de noblesse, il produisait à Messire de Béchameil, chevalier et intendant de Bretagne, sa généalogie remontant avec titres et pièces justificatives au soutien jusqu'à Johan de la Poëze, vivant en 1240 et aussi la reconnaissance de noblesse d'ancienne extraction donnée le 21 mai 1667 à son frère aîné Messire René de La Poëze par Messire Jean-Baptiste Voisin, chevalier, commissaire départi par Sa Majesté en Anjou, il fut d'après ce, reconnu et déclaré à l'intendance de Bretagne le 20 octobre 1704, noble d'ancienne extraction.

Messire Gabriel, chevalier, comte de La Poëze, est décédé à la Colaissière le 1er mars 1708, et Anne de la Chevière y est morte le 9 avril 1688.

De ce mariage sont issus les cinq enfants dont les noms suivent au XIIIe degré ci-après.

6. — GENEVIÈVE DE LA POEZE, née à la Colaissière, le 17 avril 1634, épousa Messire MATHURIN DE LAISTRE, écuyer, seigneur du Clouët dont les armoiries sont :

7. — LOUISE DE LA POEZE, née à la Colaissière, 1er octobre 1635 épousa Messire GUILLAUME DE PRÉ-ZEAU dont les armoiries sont : « d'azur à un sautoir

engreslé d'argent et cantonné de quatre coquilles de même », écuyer, seigneur de la Haie Prézeau et de la Vinaudière, fils de Messire Jean de Prézeau, écuyer, seigneur de la Guilletière et de noble Jeanne Macé.

Louise laissa de ce mariage deux fils, Jean marié à Jeanne Orthion, et Guillaume marié à Jeanne Audron et fut enterrée dans la chapelle seigneuriale de Saint-André en l'église de Saint-Sauveur en 1687 et Guillaume de Prézeau est décédé à la Haie le 5 septembre 1674, inhumé dans la chapelle de Saint-André de Saint-Sauveur en présence de Gilles Prézeau, seigneur de la Guilletière, d'Isidor Drouillard, seigneur de l'Esbaupinaie, de Boys de Saint-Jean, d'Aubrasse, tous parents.

8. — ÉLISABETH DE LA POEZE, née à la Colaissière le 20 mars 1646, épousa en 1678, Messire ISIDOR DROUILLARD dont les armoiries sont : « d'or au chevron d'azur, accompagné de trois glands de sinople, de deux en chef et une en pointe », écuyer, seigneur de l'Esbaupinaie et de Lisbourg, l'un des gens d'armes de la compagnie de Messire de Duc d'Orléans, frère unique du Roy, dont une fille Elisabeth, religieuse aux Ursulines d'Ancenis.

9. — RENÉE DE LA POEZE, née à la Colaissière le 16 septembre 1648, dame de la Chapelle Piniot, épousa en 1679 en l'église de Landemont, Messire HONORAT DU MORTIER, dont les armoiries sont : « d'argent à un mortier de sable (d'Hozier) », chevalier, seigneur de la Ruchesnière, dont trois filles : Renée, mariée à Messire Charles Pantin, chevalier, seigneur de la Hamelinière, fils du Marquis de la Hamelinière, et de Madeleine de Bidé, dame de Ranzé, qui se remaria à Gabriel de Beauvau, Marquis du Rivau, officier dans la marine Royale, Gabrielle et Marie-Chrétienne du Mortier. Le 17 février 1728, Marie-René du Mortier, héritière de sa maison, épousa Madelon Hyacinthe du Buat IIe du Nom.

10. — GABRIELLE DE LA POEZE, née à la Colaissière le 15 février 1650, décédée la même année.

XIII

ENFANTS DE MESSIRE GABRIEL COMTE DE LA POËZE, SEIGNEUR DE LA COLAISSIÈRE ET AUTRES LIEUX, ET D'ANNE DE LA CHEVIÈRE.

Continuant le troisième rameau de la deuxième branche

1. — RENÉ VI COMTE DE LA POEZE, chevalier, seigneur de la Colaissière, né à la Colaissière le 31 juillet 1675, fut officier de 1696 à 1702 dans le régiment d'Albigeois infanterie, suivant certificats.

Il épousa le 12 mai 1708, par contrat passé en l'étude de Me Le Breton à Nantes, noble FRANÇOISE DE RODAYS dont les armoiries sont : « de sable à un chevron d'or, accompagné en chef de deux étoiles d'argent en pointe, d'une tour de même ouverte et maçonnée de sable », fille de Messire Urbain de Rodays, seigneur de Brays et de Sauzaie.

René fut inquiété en l'année 1716 par le préposé à la recherche des usurpateurs de noblesse de Tours et il représenta sa généalogie et ses titres au soutier, après quoi il reçut sous la date du 17 avril 1716 de l'Intendance de Tours un arrêt de sa noblesse d'ancienne extraction.

C'est par la famille de Rodays que la famille de La Poëze est parente des Pisonnet de Lancreau qui possèdent la seigneurie du nom de La Poëze dans les paroisses du Pin et de la Poitevinière, laquelle seigneurie fut possédée au XIIe et XIIIe siècles par la famille de La Poëze.

René partagea noblement et avantageusement avec sa sœur Anne par acte du 24 octobre 1709, et fit son

testament reçu le 14 janvier 1720 par Maître Joseph
Morin, notaire à Champtoceaux. Il décéda à la Colaissière en 1720 et Françoise de Rodays y décéda
également le 17 août 1780.

2. — JOSEPH II DE LA POEZE, chevalier, décédé en bas-âge.

3. — ANNE DE LA POEZE, née à la Colaissière
le 24 janvier 1677, eut en son partage fait avec son
frère aîné le 24 octobre 1709 les seigneuries de la
Chênaie, de la Guessière, de Malvoisine et de la Terrinière, elle décéda sans alliance, eut pour marraine
Catherine de la Chevière, dame de la Fertinière, pour
parrain Joseph Prézeau.

4. — MARIE DE LA POEZE, née à la Colaissière
le 24 mars 1678, religieuse aux Ursulines d'Ancenis
en 1706. Elle avait pour parrain Isidore Drouillard,
seigneur de l'Ebaupinaie, pour marraine Marie de
Breil, épouse de Jean de la Bourdonnaie, seigneur
de Bras.

5. — GABRIELLE DE LA POEZE, née à la Colaissière le 10 octobre 1681, décédée en 1687, avait
pour parrain François de Feuquerolles, pour marraine Renée de La Poëze du Mortier.

XIV

ENFANTS DE MESSIRE RENÉ, COMTE DE LA POËZE,
CHEVALIER, SEIGNEUR DE LA COLAISSIÈRE,
ET DE NOBLE FRANÇOISE DE RODAYS
DE LA SAULZAIE.

Continuant le troisième rameau de la deuxième branche

1. — Messire FRANÇOIS-MARIE, COMTE DE LA
POEZE, chevalier, seigneur de la Colaissière, né le

1er septembre 1711. Il servit en 1730 en qualité de cadet-gentilhomme à Metz; peu après il fut officier dans le régiment des Milices de la Province de Bretagne, où il fut successivement enseigne, lieutenant, aide-major, suivant brevet du 1er octobre 1734 et capitaine suivant le brevet du 6 juin 1735.

Il partagea noblement et avantageusement avec ses puînés par acte du 26 septembre 1740 et en 1742.

Il épousa par contrat passé en l'étude de Me Lamy, notaire à Nantes, noble FRANÇOISE MORICEAU DE LA CARTERIE, fille de François Moriceau de la Carterie, écuyer, seigneur de la Carterie et de Loigné, dont les armoiries sont : « d'argent, à un aigle à deux têtes, éployé de sable, au chef d'azur, chargé de deux étoiles d'or, rangées de face. »

De ce mariage sont issus les cinq enfants dont les noms suivent au XVe degré ci-après.

Françoise de Moriceau est décédée à la Carterie en 1788.

2. — Messire GABRIEL-HENRY DE LA POEZE, chevalier, seigneur de Montjaugeai, servit dans l'infanterie, fut capitaine au Régiment de Vermandois.

Il épousa le 26 mai 1750 à Marcé, noble FRANÇOISE-HENRIETTE-LOUISE LE CORNU DE PRINCÉ dont les armoiries sont : « d'or au massacre de gueules, à l'aigle éployé de sable en chef », fille de Messire Le Cornu, chevalier, seigneur de Princé, sœur de Dame Le Cornu, Chanoinesse, dignitaire au chapitre noble du Ronceray.

La famille Le Cornu était parmi les plus anciennes et les plus illustres de l'Anjou et portait le surnom de « Diable ».

De ce mariage sont nés les deux enfants qui suivent:

A. — Messire ANTOINE RENÉ, chevalier, seigneur

do Montjaugeai qui épousa noble PERRINE-MARIE DE BAUTRU à Angers, paroisse de Saint-Martin, le 30 juillet 1782, fille de Joseph de Bautru, Seigneur de la Rouillère, décédé même paroisse le 31 décembre 1789 à l'âge de 69 ans, dont les armoiries sont : « d'azur au chevron accompagné en chef de deux roses et en pointe d'une tête de loup arrachée, le tout d'argent. »

La famille de Bautru était d'extraction illustre.

Il ne vint pas d'enfants de cette union.

B. — Messire SÉBASTIEN DE LA POEZE, grand vicaire de l'Evêché de Saint-Brieuc, en 1788, décédé à Sautron, près Nantes, en 1807.

3. — JACQUES IV DE LA POEZE, chevalier, né à la Colaissière le 23 mars 1714, mort en bas-âge.

4. — FRANÇOISE-RENÉE DE LA POEZE, née à la Colaissière le 18 juillet 1709, mariée par contrat passé en l'étude de maître Gaudron, notaire à Ingrandes le 15 janvier 1788 à Messire RENÉ DE LIMELLE, chevalier, seigneur de Bouvenaye, dont les armoiries sont : « d'argent à trois tourteaux de gueules 2 et 1, chargés chacun d'une molette d'éperon du champ », fils de Messire René de Limelle et de noble Marie Mallet de Saint-Maurille.

De ce mariage sont nés trois enfants qui ont laissé postérité et se sont alliés aux familles de Muller, de Poitraz, aux de Rodays.

Renée de La Poëze est décédée à Ingrandes le 21 janvier 1760 et René de Limelle en 1772.

5. — ANNE-JEANNE DE LA POEZE, née à la Colaissière le 25 mai 1713, religieuse à l'abbaye Royale de Beaumont, près Tours.

6. — CATHERINE-JEANNE DE LA POEZE, née

à la Colaissière le 3 novembre 1715, décédée sans alliance.

7. — MARIE DE LA POEZE, née en 1719, morte sans alliance.

8. — MARGUERITE DE LA POEZE, née en 1724, décédée sans alliance.

9. — Messire PIERRE DE LA POEZE, né en 1719, qui eut pour parrain Pierre-François de Rouzé et pour marraine Jeanne de la Roche-Macé, décédée sans alliance.

10. — CHARLOTTE DE LA POEZE, religieuse en l'abbaye royale de Beaumont, près Tours.

11. — ANDRETTE DE LA POEZE, religieuse à l'abbaye Royale de Beaumont, près Tours.

XV.

ENFANTS DE MESSIRE FRANÇOIS-AIMÉ-RENÉ, COMTE DE LA POEZE, SEIGNEUR CHEVALIER DE LA COLAISSIÈRE, ET DE NOBLE FRANÇOISE MORICEAU DE LA CARTERIE, DAME DE LA CARTERIE ET DE LOIGNÉ.

Continuant le troisième rameau de la deuxième branche

1. — Messire RENÉ-FRANÇOIS-AIMÉ, COMTE DE LA POEZE, chevalier de la Colaissière et autres lieux né   1742,

Il partagea noblement avec ses puînés et épousa à Châlonnes, près Angers, le 25 septembre 1780, noble RENÉE-AMBROISINE DES PORTES DE SAINT-PÈRE, dame de Morand, de la Plaine et du Boulay, dans le Maine, fille de Messire Pierre-François des Portes, che-

valier, seigneur de Saint-Père dont les armoiries sont :
« d'azur, à trois fusées d'or posées en fasce l'une sur
l'autre », d'une ancienne famille de Bretagne.

Dans un extrait d'anciens titres, il est fait mention :
1º de Geoffroy des Portes, écuyer, vivant en 1324,
2º de Guillaume, seigneur des Portes, qui régla le
partage de sa sœur, Péronnette des Portes.

Gilles des Portes, gouverneur des ville, château et
Duché de Mayenne était gentilhomme ordinaire de
la Chambre de Monsieur, puis de la chambre du Roy,
mestre de camp de dix compagnies de gens de pied
et épousa le 14 mai 1572, demoiselle de Noyan.

Renée-Ambroisine des Portes était aussi fille de
Suzanne-Thérèse-Renée de la Matraye, la dernière de
cette ancienne famille de la Province du Maine, qui
portait pour armes, « d'argent, à trois quintefeuilles
de gueules posées 2 et 1 ». Elle était fille unique de
René-Antoine de la Matraye, chevalier, cousin ger-
main d'Anne de la Matraye, mariée à Georges, Marquis de Montécler et de Marie de la Vigne.

Pierre-François-Michel-Louis des Portes, laissa de
son union outre Renée-Ambroisine, Catherine-Suzan-
ne. Ambroisine qui partagea noblement et avantageusement avec ses sœurs, qui épousa Messire Jean-Char-
les, Vicomte de Cumont, chevalier, seigneur de Prui-
na dont un fils marié à Caroline de Maillé de l'illustre
maison de ce nom, Jeanne-Marie-Thérèse des Portes
morte sans alliance, Suzanne des Portes, née au
château de la Présaye (Mayenne) le 18 novembre 1751,
mariée le 7 octobre 1771 à Messire Pierre-Antoine du
Prat, morte la dernière de son nom le 16 août 1839,
dont le petit-fils Antoine-Théodore, né à Versailles en
1808, épousa Marie-Antoinette-Lucrèce de Chabannes
la Palice et en deuxième noce, Mlle de Gramont, fille
du duc de Grammont. En Antoine-Théodore s'éteignit
la famille du Prat, dont était l'illustre chancelier.

C'est par la famille des Portes que les la Poëze sont

parents, alliés des Montécler, des Hercé, Le Maire de Courtemanche une des trois plus grandes familles du Maine, puisqu'on disait : « Noble Tessé, Riche Vassé, Pauvre Courtemanche », Le Tonnelier de Breteuil, d'Argentré, etc.

René-François-Aimé de la Poëze était maire de Landemont, en Anjou, lorsqu'il fut forcé d'émigrer en 1790. En 1791 il rejoignit le corps de la noblesse française rassemblée en armes autour des Princes français et fit les campagnes à l'armée des Princes jusqu'à son licenciement et après un séjour en Angleterre il rentra en France en 1801 et mourut à la Colaissière des suites des misères occasionnées par la Révolution en 1802. De son mariage issurent cinq enfants dont les noms suivent au XVI° degré ci-après.

2. — Messire GABRIEL-FRANÇOIS-RENÉ, dit le chevalier de la Poëze, né à la Colaissière, 30 juillet 1750, passa à l'île de France où il épousa à Port-Louis le 12 janvier 1785 MARIE-ANNE-FRANÇOISE DE MESTRE dont les armoiries sont : « d'azur à deux léopards d'or, l'un sur l'autre », née en 1772, fille mineure de feu Messire René Pélage de Mestre et de Dame Marguerite Horsing.

Gabriel-François décéda à Nantes sans postérité en 1793.

3. — Messire ALEXANDRE CLOVIS, sous-diacre, bachelier de l'Université, seigneur de Loulessière, demeurant à Château-Gaillard, en la commune de Saint-Sauveur, assassiné par les bandes révolutionnaires entre la Colaissière et la Chapelle Basse-mer en 1796, et enterré en cette dernière commune.

C'est sur lui que la seigneurie de la Carterie, près Cuéron fut vendue nationalement.

4. — Noble demoiselle De LA POËZE, mariée à Messire FRANÇOIS DE RODAYS, écuyer, sei-

gneur de Brays, elle décéda à Nantes. Il était veuf
de Marie-Rosalie de Limelle Bouveraye, et avait un
fils de son premier mariage.

5. — Noble demoiselle FRANÇOISE-JEANNE DE
LA POEZE, religieuse à l'abbaye de Nidoiseau.

XVI

ENFANTS DE MESSIRE RENÉ-FRANÇOIS-AIMÉ, COMTE DE LA POÈZE, SEIGNEUR ET CHEVALIER DE LA COLAISSIÈRE, ET DE DAME RENÉE-AMBROISINE DES PORTES DE SAINT-PÈRE, DAME DE MORAND.

Continuant le troisième rameau de la deuxième branche

1. — Messire LOUIS-AMBROISE, COMTE DE LA
POEZE, né à Angers, paroisse d'Evron le 27 septembre 1782.

Il a été maire de la commune de Landemont de
1806 à 1809. De 1812 à 1814, maire de la commune
de Civray (Indre-et-Loire).

En 1814, chevau-léger de la garde du Roy, Louis
XVIII.

Il accompagna le Roy Louis XVIII dans sa retraite
en mars 1814 à Gand, Belgique, faisant près de sa
personne le service de chevau-léger au corps com-
mandé par Monseigneur le Duc de Berry, ainsi que
l'atteste le certificat que lui en a donné Monseigneur
le Duc de Berry au château des Tuileries le 1er janvier 1816.

Capitaine de carabiniers au régiment de Monsieur
suivant brevet à lui délivré le 21 septembre 1815 à
prendre rang du 14 février 1815 et nommé cette même
année chevalier de la légion d'honneur.

Il a épousé par contrat passé en l'étude de Me Des-
vignes, notaire à la Flèche (Sarthe), le 28 août 1809,

demoiselle CHARLOTTE-SÉRAPHINE DE BOIS DES COURS dont les armoiries sont : « d'argent à cinq coquilles de gueules en orle », deuxième fille de Messire Jacques-Etienne, Comte de Bois des Cours, chevalier, seigneur de Saint-Cosme et autres lieux, officier d'artillerie, chevalier de l'Ordre de Saint-Louis et de noble dame Angélique-Marie-Félicité-Perrine Belin de Langlotière, décédée à la Flèche en 1816, fille de Messire François-Sébastien Belin, chevalier, seigneur de Langlotière, ancien lieutenant-colonel au régiment d'Orléans infanterie, chevalier de Saint-Louis, dont les armoiries sont : « d'or à une flamme de gueule, au chef d'azur, chargé de trois étoiles d'or » et de Marie-Geneviève Belin, décédée à la Flèche en 1809.

La famille de Boisdescours est originaire de Normandie où elle possédait dans le XVIe et XVIIe siècle les seigneuries de Beaumanoir et de Favière, près Alençon. Elle fut maintenue dans sa noblesse d'extraction par la commission de réformation de la noblesse de Normandie par arrêt du 1er Juillet 1667.

Charlotte-Séraphine de Boisdescours avait pour sœur aînée, Aglaé-Marie-Félicité, mariée à Messire Armand de Lignaud, Marquis de Lussac, dont un fils et une fille mariée au Marquis de Bridieu.

De ce mariage sont issus les trois enfants dont les noms suivent au XVIIe degré, n° 1 ci-après.

Charlotte-Séraphine de Bois des Cours, Comtesse de La Poëze est décédée à Versailles, le 13 avril 1815.

Messire René-Louis-Ambroise, Comte de La Poëze, seigneur d'Alette, se remaria par contrat passé en l'étude de Me Bideau, notaire à Tours le 8 mars 1817 à noble demoiselle LOUISE-VIRGINIE D'HARAMBURE, née à Tours en 1798, fille aînée du deuxième mariage de Messire François-Alexandre, Baron d'Harambure, chevalier, lieutenant général, commandeur de Saint-Louis dont les armoiries sont : « d'or au pin terrassé de sinople, accosté à senestre d'un ours ram-

pant de sable, à la bordure de gueule chargée de
huit sautoirs en croix de Saint-André, d'or », armoiries enregistrées ainsi en 1640 à l'armorial de France par Messire d'Hozier, et de Madeleine-Françoise
de Mégissier.

Par convention matrimoniale et par permission du
Roy, par son ordonnance du 17 septembre 1817, René-Louis de la Poëze réunit à son nom de famille
celui d'Haramburo avec le titre porté par cette dite
famille, avec pouvoir de le transmettre d'aîné en aîné.

Cette famille d'Haramburo est originaire de la
Navarre et parmi les principales du Royaume figure
déjà du temps du Roy Ferdinand II de Castille en
1227 dans des combats contre les Maures.

Jean d'Haramburo quitta la Navarre sous le Roy
Henri IV et s'établit au château de Romefort, en Berry; il était né en Navarre en 1523, fut gentilhomme
ordinaire de la chambre de Henry IV, grand giboyer,
commandant de chevau-légers, gouverneur de Vendô-
me et d'Aigues-Mortes. Au combat d'Aumale où le
Roy courut de grands dangers, Jean d'Haramburo vint
à son secours et la tradition porte qu'Henry IV lui donna en récompense de sa glorieuse action son épée
conservée par l'aîné de la famille. Beaucoup de lettres du Roy sont jointes à ce précieux dépôt.

2. — Messire N. DE LA POEZE, mort en bas âge.

3. — Messire CHARLES-HENRY-MARIE, COMTE
DE LA POEZE, chevalier de la Colaissière, né le
19 mai 1788.

Il fut incorporé dans les gardes d'honneur en 1812,
entra en 1814 dans les chevau-légers de la garde du
Roy Louis XVIII, capitaine d'Etat-major, aide de camp
du Marquis de Saint-Belin, commandant à Nantes, chevalier, puis officier de la légion d'honneur, maire de
Saint-Sauveur et de Broc pendant plus de quarante ans.

Il a épousé par contrat passé en l'étude de M⁰ Guillet, notaire à Nantes, le 22 juillet 1816, noble CAROLINE-PRUDENCE DE LA VILLE DE FÉROLLES DES DORIDES, née à Nantes le 1ᵉʳ mai 1792, dont les armoiries sont : « d'argent, à la bande de gueule », fille de feu Messire Charles-Marc de la Ville de Férolles, Comte des Dorides, chevalier, seigneur du Boisroux, né à Luçon en 1765, officier aux gardes françaises en 1780, chevalier de Saint-Louis, lieutenant-colonel d'infanterie pendant la campagne des Princes, décédé à Paris le 24 novembre 1809 et de Dame Prudence-Louise-Michelle-Marie Jousseaume de la Bretesche, dont les armoiries sont : « de gueules à trois croix patées d'argent 2 et 1, à la bordure d'hermines », petite-fille de Messire Charles-Antoine de la Ville de Férolles, chevalier, Marquis des Dorides, seigneur de la Péronnière, né en mars 1736, lieutenant général des armées du Roy, cordon rouge, mort à son château de Saint-Clémentin le 8 avril 1819 et de Marie-Sophie Jousseaume de la Bretesche.

Marie-Sophie J. de la Bretesche était fille d'Armand-Louis, Marquis J. de la Bretesche et de Marie-Henriette du Bois de L'Aubraye dont les armoiries sont : « d'argent à une hure de sanglier de sable ». Armand-Louis est décédé le 16 mars 1789 au château du Coubourcau.

François de la Ville, Marquis des Dorides, père de Charles-Marc était fils de Charles-René, Marquis des Dorides et de Madeleine Fumée dont les armoiries sont : « d'argent à six fusées de sable posées III, II et I. »

Prudence Jousseaume de la Bretesche, mariée à Charles-Marc de la Ville de Férolles, Comte des Dorides, père et mère de Marie-Caroline-Prudence des Dorides, épouse de Charles de La Poëze, était fille de Louis-Constantin Jousseaume, Marquis de la Bretesche et de Prudence de Coëssal, qui avait pour sœur la Comtesse de Chabot.

Prudence de Coëssal était fille de Michel Le Bot-teux de Coëssal, dont les armoiries sont : « d'argent à la croix de gueules cantonnée de quatre étoiles de même », et de Prudence de Santo Domingo, dont les armoiries sont : « d'azur à la bande d'or, terminée par deux têtes de dragon. »

La famille du nom de la Ville de Férolles, remonte à Guillaume de la Ville damoiseau, vivant en 1230.

Caroline-Prudence des Dorides, Comtesse de La Poëze, est décédée à Nantes le 24 octobre 1825.

4. — Noble demoiselle DE LA POEZE, décédée en bas âge.

5. — Noble demoiselle SUZANNE-GABRIELLE-JO-SÉPHINE-MARIE DE LA POEZE, née à la Colaissiè-re le 27 mars 1790.

Elle a épousé par contrat passé en l'étude de M⁰ Guillet, notaire à Nantes, le 13 avril 1807, Messire PIERRE-ANTOINE-FRANÇOIS CARR, chevalier, Baron de Luzançay, né à Lorient en 1766, lieutenant de vaisseau, chevalier de Saint-Louis, fit de l'année 1791 à 1794 le voyage autour du monde à la recherche de La Peyrouse, sous le commandement de Messire le Comte d'Entrecasteau, entra dans la marine d'Espagne au département de Manille, pendant les troubles révolutionnaires, pensionné par le Roy Louis XVIII en 1814 avec le grade de capitaine de ses vaisseaux, grade auquel il avait été promu en 1792.

Il avait fait ses preuves de noblesse certifiées au Roy le 7 mars 1782, par M⁰ Bernard Chérin, généalogiste des ordres du Roy.

Ses armoiries sont : « d'azur au chevron d'argent, chargé de trois molettes d'éperon de gueules, au franc canton d'or, chargé d'un lion aussi de gueules ». Cette famille Carr a pour auteur connu Nicolas Carr qui ainsi qu'il se voit dans l'histoire d'Angleterre par Hollingshead, passa en Angleterre en 1066, accompagna Guillaume, Duc de Normandie, faisant corps avec les nobles et seigneurs Normands.

En 1418 Nicolas Carr revint en France avec les seigneurs Ecossais sous la conduite de Lord Stuart au secours de Charles VI, Roy de France, et y fonda la branche de Luzançay.

Toutes les branches de cette famille reconnaissent pour aînée celle fixée en Angleterre, dont le chef est Carr, Duc de Rosburgh, Guillaume Carr, fils de Thomas Carr et de Marguerite Spencer, sœur du Duc de Sommerset, épousa en 1520 Marie de Boleyn, fille de Thomas Boleyn et de Jeanne Clinston, sœur d'Anne de Boleyn, mère de la Reine Elisabeth.

XVII

I. — ENFANTS DE MESSIRE RENÉ-LOUIS-AMBROISE DE LA POEZE, CHEVALIER SEIGNEUR D'ALETTE, BARON D'HARAMBURE ET 1° DE DAME SÉRAPHINE DE BOIS DES COURS ; 2° DE DAME VIRGINIE D'HARAMBURE.

Continuant le troisième rameau de la deuxième branche

DU PREMIER LIT :

1. — Messire RENÉ-LOUIS, COMTE DE LA POEZE, né à Alette le 18 octobre 1812, marié en 1840 à sa cousine germaine MARIE DE LA POEZE, née à Nantes le 24 juin 1817.

Il est décédé à Paris le 16 novembre 1857 et son épouse le 22 mars 1895.

De ce mariage vinrent deux fils qui n'ont pas laissé de postérité et qui suivent de suite ci-après.

A. — HENRY-MARIE-RENÉ, COMTE DE LA POE-

ZE, né le 5 janvier 1842, zouave pontifical; au service de France pendant la campagne de 1870, décédé, non marié, à Cannes, et enterré à Barrou le 16 avril 1885.

B. — CHARLES-MARIE, VICOMTE DE LA POEZE, zouave pontifical, décédé, non marié, à son retour du Tonkin, à Paris le 8 avril 1879. Il était né en 1843.

2. — RAOUL-ANTOINE, VICOMTE DE LA POEZE, né à la Flèche le 18 novembre 1814. Il n'a pas laissé de postérité de son mariage avec Mlle Pauline d'Avessens. Il est décédé à Paris le 9 avril 1886.

3. — MARIE-CHARLOTTE-AMÉLIE DE LA POEZE, née à la Flèche le 6 juillet 1810, mariée en octobre 1832 au Marquis Arthur de Quinemont, décédée sans enfants le 14 mai 1833.

DU SECOND LIT :

4. — LUDOVIC-JEAN-MARIE DE LA POEZE, Marquis d'Harambure, né le 20 octobre 1819, maire d'Yzeures, marié en   à MARIE DE CASSIN, dont pas de postérité.

5. — GABRIEL-FRANÇOIS-MARIE, COMTE DE LA POEZE d'Harambure, né le 10 juillet 1823, marié   à Théodora   de Saint-Georges, dont un fils Jean qui suivra au XVIIIᵉ degré, nº 1 ci-après.

II. — ENFANTS DE MESSIRE CHARLES-HENRY-MARIE CHEVALIER COMTE DE LA POËZE COLAISSIÈRE, ET DE DAME CAROLINE-PRUDENCE DE LA VILLE DE FERROLES DES DORIDES.

Continuant le troisième rameau de la deuxième branche

1. — OLIVIER-CHARLES-MARIE, COMTE DE LA POEZE, né à Nantes le 25 juin 1821, député de la circonscription des Sables-d'Olonne (Vendée), conseiller général de Saint-Fulgent, chambellan honoraire de S. M. l'Empereur Napoléon III, chevalier de la légion d'honneur, marié le 11 février 1853 par contrat passé en l'étude de Me Colmet d'Age, notaire à Paris, à FRANÇOISE-LAURENCE STAOUELI DE LA ROCHELAMBERT, fille du Marquis Henry de La Rochelambert, gentilhomme de la chambre de S. M. Charles X, sénateur de l'Empire, fils du Comte Gabriel de la Rochelambert et de Charlotte de Dreux-Brézé, sœur du grand-maître des cérémonies de France et de Dame Apollonie de Montgomery, Bruges, des Ducs de Chandos, en Angleterre, fille du Comte Alphonse de Bruges, aide de camp du Dauphin, lieutenant général, nièce du Comte Louis-Hyacinthe de Bruges, grand chancelier de la légion d'honneur, également fille de la Comtesse de Bruges, née Golowkin.

Henriette de Golowkin était fille du Comte Gabriel de Golowkin, lieutenant général au service de Hollande. Il y avait épousé Apollonie Hertaing, van Marquette, d'illustre famille dont elle était née.

Cette maison de Golowkin tire son origine de la Pologne et à la même que celle des Princes Sangousko. Jean Golowkin vint en Russie, en 1485, contribua à la délivrance mémorable des Tartares qui étaient devant Moscou, où Radion Golowkin eut tant de part.

Cette alliance Golowkin apparentait en Russie avec les Repnin, Bariatinski, Troubetzkoy, Catherine Soltikoff, cousine germaine, de l'Impératrice Anne. Dolgourouki, Schouwaloff et en Allemagne avec les familles de Dohna, Schmettau, Kameke, etc.

Le Comte Gabriel Golowkin ci-dessus nommé Marquis de Ferazière, aide de camp du Prince Stadhouder et commandant la ville d'Amsterdam, se remaria à Jaqueline Charlotte de Saumaise, dame d'honneur de la Princesse régnante de Nassau Weilbourg en 1786.

La famille la Rochelambert remonte sa filiation jusqu'au XIe siècle et depuis cette époque habite le château de la Rochelambert en Velay. Les armoiries de Roger de la Rochelambert figurent à la salle des Croisades à Versailles. Elles sont : « d'argent au chef de gueules au chevron d'azur ». Devises : amour ou guerre. — Ni crainte ni envie. La famille a fait ses preuves de noblesse devant maître Chérin, pour monter dans les carrosses du Roy Louis XV. La Marquise de la Rochelambert, née de Lostanges, était dame pour accompagner Mesdames Adélaïde et Victoire de France.

Françoise Sjaoueli de la Rochelambert, Comtesse de La Poëze a été nommée en 1855, dame du Palais de Sa Majesté l'Impératrice Eugénie et en
dame pour accompagner Sa Majesté l'Impératrice Charlotte du Mexique pendant son séjour en France qui l'a honorée du Grand-Cordon de l'ordre de Saint-Charles du Mexique. En outre la Comtesse de la Poëze a reçu le cordon de Thérèse, de Sa Majesté la reine de Bavière.

Le Comte Olivier de La Poëze est mort à Tours le 25 mars 1882 et a été enterré à Saint-Sauveur de Landemont (Anjou).

De ce mariage sont nés les quatre enfants qui suivent au XVIIIe degré ci-après, no 2.

2. — MARIE... DE LA POEZE, née à Nantes le 24 juin 1817, mariée en 1840 à son cousin-germain René-Louis, Comte de La Poëze; décédée au château des Courtils (Indre-et-Loire), le 22 mars 1895.

XVIII

I. — ENFANT DE GABRIEL-FRANÇOIS-MARIE COMTE DE LA POËZE D'HARAMBURE, ET DE THÉODORA DE SAINT-GEORGES.

JEAN-MARIE-AUGUSTE DE LA POEZE, Vicomte d'Harambure, né le 21 septembre 1858, officier de cavalerie, marié le 5 septembre 1889 à MARIE DE SANCY DE PARABERE, décédée en 19...; remarié en 1909, à Madeleine le Gouz de Saint-Seine.

II. — ENFANTS DU COMTE OLIVIER-CHARLES-MARIE DE LA POËZE ET DE STAOUÉLI DE LA ROCHELAMBERT.

Continuant le troisième rameau de la deuxième branche

1. — LOUIS-EUGÈNE-NAPOLÉON-MARIE, COMTE DE LA POEZE, maire de la commune de Bree, filleul de L. M. l'Empereur et l'Impératrice Eugénie, né au château de Thévalles (Mayenne) le 7 décembre 1856, décédé, non marié, au même château le 16 février 1892, inhumé au cimetière de Saint-Sauveur de Landemont.

2. — PIERRETTE-APOLLONIE-CLOTILDE DE LA POEZE, née au château du Thévalles le 27 janvier 1854, mariée le 1er mai 1877 à Humbert Artaud, Vicomte de La Ferrière, décédée à Paris le 22 juin 1892 dont quatre enfants.

3. — ANTOINETTE-HUGUETTE-ROLANDE-YVONNE DE LA POEZE, née à Thévalles (Mayenne), le 21 novembre 1859.

4. — GABRIEL-YVES-OLIVIER-JEAN-MARIE DE LA POEZE, né au château de Thévalles le 10 octo-

bre 1861, maire de la Rabastelière (Vendée), conseiller d'arrondissement, marié le 17 avril 1888 par contrat passé en l'étude de M⁰ Durand, notaire à Paris
à Marguerite Juliette-Marthe Legoux, fille du Baron
Jules Legoux, d'une famille de Bourgone dont les
armoiries sont : « tiercé en pal, d'hermines, de gueules chargé d'une étoile à dix pointes d'argent, de con-
tre-hermines », née le 21 septembre 1865, dont quatre enfants qui suivent au XIXᵉ degré ci-après.

XIX

I. — ENFANTS DE JEAN DE LA POEZE, VICOMTE D'HARAMBURE ET DE : 1ᵉ MARIE DE SANCY DE PARABÈRE ; 2ᵉ MADELEINE LEGOUZ DE SAINT-SEINE.

DU PREMIER LIT :

GASTON-LUDOVIC-MARIE-RAOUL DE LA POE-
ZE, né le 30 juin 1890.

DU DEUXIÈME LIT :

BERTRAND   DE LA POEZE, né
le   19....

II. — ENFANTS DE YVES-OLIVIER-CHARLES-MARIE, COMTE DE LA POEZE, ET DE MARGUERITE LEGOUX.

1. — HENRY-OLIVIER-YVES-CHARLES-MARIE DE
LA POEZE, né à Paris le 11 avril 1890.

2. — MARIE-BERNARDINE-LAURE-LUCIE DE LA POEZE, née au château des Courtils, Indre-et-Loire le 26 octobre 1891.

3. — GOSLEN-FRANÇOIS-HUMBERT-JEAN-MARIE DE LA POEZE, né à la Rabastelière (Vendée), le 18 octobre 1893.

4. — YVONNE-MARIE-JEANNE DE LA POEZE, née à la Rabastelière, le 22 décembre 1897.

IMPRIMÉ PAR DESCLÉE, DE BROUWER ET C⁰

41, RUE DU METZ, LILLE. — 7663.